那珂通世と夏目漱石

盛岡藩の幕末維新

佐藤竜一

日本地域社会研究所

コミュニティ・ブックス

目次

I　内藤湖南と那珂通世

自転車を乗りまわした漢学者・那珂通世
――夏目漱石との接点をめぐって

はじめに

幕末期に盛岡藩の家系に生まれ、漢学者として大成した那珂通世《なかみちよ》は、好奇心に満ち溢《あふ》れた人だった。通世は学問に優れた故に盛岡藩校作人館の恩師・那珂通高の養子となり、「東洋史の先駆者」として大成した。そのかたわら女子教育に貢献したほか、当時あまり普及していない自転車に関心を持ち、乗りまわすという多面性を持っていた。

一方、イギリスでの留学時代、夏目漱石は自転車に関心を持ち、「自転車日記」を記している。二人には自転車好きという共通点があったが、通世の甥《おい》で華厳の滝に身を投げたことで知られる藤村操は漱石の教え子であり、操の自殺は小説作品に深い影響を与えた。

本稿では、自転車と藤村操に焦点を当て、二人の接点に関して紹介する。

一、那珂通世と養父・那珂通高

一、一　那珂通高の幽囚

那珂通世（写真提供：盛岡市先人記念館）

那珂通世は嘉永四（一八五一）年、藤原源蔵（政徳）、妻弁子（谷崎氏）の三男として盛岡に生まれた（＊1）。幼名を荘次郎といった。長兄の荘助に従って作人館に通いはじめたが、学問を好み、聡明だった。この荘助（後の胖《ゆたか》）の三男が華厳の滝に投身自殺して有名になった藤村操である。

作人館の恩師・江帾梧楼《えばたごろう》（後の那珂通高）（＊2）は荘次郎の学才を愛し、九歳の時に婿養子にすることに決めた。江帾夫妻には息子がいなかったのである。以来、荘次郎は梧楼の下で、和漢の学問に精を出すことになった。

藤原荘次郎は慶応二（一八六六）年、一六歳の時に正式に養家に入籍し、江帾小五郎通継と改名した。

通継の学問の進歩は目覚ましかった。養家に入籍してまもなく、作人館の句読師に挙げられた。梧楼は作人館の教授（御目付格）をしていたが、その下に助教、訓導師、句読師が置かれていた。通継はいわば、助手として梧楼の講義を助けることになった。経書の素読を指導するのが句読師の役割である。

その後、盛岡藩は戊辰戦争（秋田戦争）に参戦したが、敗北し賊藩とされた。盛岡藩で指導的な立場にあった江帾梧楼は責任を取らされ、明治元（一八六八）年一二月三日、盛岡藩主・南部利剛父子とともに、東京芝にある盛岡藩の菩提寺・金地院《こんちいん》に幽閉された。

梧楼は主席家老の楢山佐渡《ならやまさど》が推進した藩政改革により藩校の教授に抜擢《ばってき》され、新政府軍と対峙する奥羽越列藩同盟に参画したが、そのことがあだになったのだ。ちなみに、佐渡は盛岡藩の責任を一身に背負い、明治二（一八六九）年六月二三日盛岡の報恩寺で切腹に追い込まれている。

通世（まだ通継と名乗っていた）一家は明治二年六月一一日、一家を挙げて上京した。梧楼はそばを取り寄せて歓待している。同年二月、悟楼は江帾から那珂へと復姓し、那珂通高を名乗るようになった（※以後、紛らわしいので那珂通高と表記）。通高は建議書・建白書を作成するなど忙しい日々を送っていた。

その日の『幽囚日録』には、こう記されている（＊3）。

通継と睦郎の二人ハ我方ニ宿りぬ。うれしさ限りなけれども、明日にも命失ハれん時ニ再度、去年の嘆きを見せんもわりなくて心の内にかくなん、

今はとて別れしものをまた更に去年の

なげきを見せんとやする

通世との対面はうれしかったが、いつ呼び出しがかかり、死に直面するかわからない。その恐怖が垣間みられる。

また、翌六月一二日の『幽囚日録』にこうある（＊4）。

通継初め皆々、明日、肩衣にて御呼出しあり。囚人の子ニ懸ることある八辱なきことよと、人しれず涙ぐまるゝもやさしうなん。かねて買置たる書ども人々にかし遣ハしぬ。殿様ハ夜深て御帰り也といへり。今夜も親子同じ処ニ臥す。

囚人としての生活に不自由を感じながらも、親子水入らずで生活するうれしさがにじみ出ている。

やがて、通世一家は十畳、八畳に押し入れ、台所付の家を借り、東京での生活を始めた。六月一五日、通継は利剛の命により、名を通世と改めている（※以後、通世と記す）。

那珂通世は六月一一日、東京に着いたが、その少し前に原敬の兄平太郎（恭《ゆたか》）も上京していた。平太郎は文久三（一八六三）年、父直治が病気で隠居した際、一〇歳で家督を相続し元服して恭と名乗ったが、以後も平太郎と呼ばれていたようで、『幽囚日録』には平太郎の名前で登場する。

平太郎も作人館に学んだ秀才で、五月二〇日に盛岡を出発していると『幽囚日録』に記されている。嘉永5（一八五二）年生まれ、敬より三歳年上の平太郎は将来性豊かな若者として上京を許され、六月一三日、通世と同じ日に、南部英麿の近侍《きんじ》（主君のそばに仕える人）

となっている。

『幽囚日録』に平太郎の名は六回登場する（＊5）。南部英磨の側近としてアメリカに留学する話もあったが、家督を相続したために断念し、地方の役員として生涯を終えた。平太郎は通世と親しく、上京当時はよく行動を共にしたようだ。

興味深いのは、通高の『幽囚日録』に吉田松陰（寅次郎）の名が三回登場することだ（＊6）。七月一一日、教え子の中村直見がやって来て、「吉田松陰が東北遊日記もて来て見せられぬ。吾と宮部鼎三と常奥ニ遊べる紀行也。其内ニハ吾忘れたる詩なども載たるニ懐旧の涙せきあへずありける」（＊7）と記されている。慶応四（一八六八）年に吉田松陰『東北遊日記』が刊行された。発行者は河内屋吉兵衛で、その本を読んだ通高は往時を回想し、涙した。

七月二三日には「茂太郎、寅次郎が著せる武教講録を持て来てかしたり」（＊8）とあり、八月二十六日には「我氷河祭時の詩と吉田寅次郎が東北遊日記とを左一郎、定右衛門して御覧ニ入れたりといへり」（＊9）とある。梧楼とその周辺で、松陰のことが話題に上っていたことがうかがわれる。

松陰は安政の大獄により若死にし「国賊」として扱われたが、その後、長州藩が攘夷《じょうい》に向けて藩論を変更したことに伴い、精神的な支柱として崇《あが》められるようになった。松下村塾の教え子である高杉晋作や久坂玄瑞《げんずい》らは志半ばに倒れたが、木戸孝允《たかよし》や伊藤博文、山県有朋らにより明治維新が実現するや、松陰の著作が次々に出版されるようになる。地下出版ではなく、官に松陰の思想が認められた。『東北遊日記』は一八六八（慶応四年、明治元年）から翌年にかけ、大阪河内屋吉兵衛以外に、京都田中屋治兵衛、京都吉野屋甚七の三軒の本屋から出版された。

この時期、盛岡藩は激動に見舞われている。

盛岡藩の人々には、明治二年（一八六九）五月から八月までに白石に移るよう通達があった。旅費などはいっさい支給されず、自費での移住である。石高が二〇万石から一三万石に減らされたため、今まで通りに諸士を召し抱えることはできない。自活の道を探る者、新天地を求めて北海道に渡る者などが出た。この際に暇を出された者は三八五五人に上ったという。

白石に移る際、幸い白石に移れる者も禄高が半分に減らされ、家屋敷が没収される憂き目にあった。長年雇っていた者に暇を出し、家財道具を売り払って出発した者もいた。盛岡から白石までは約二三〇キロある。途中困窮して旅費がなくなり、炊き出しを受けながらやっと白石にたどり着く者もいた。

明治新政府は藩を統制する目的で版（土地）と籍（人民）を朝廷に返還する――版籍奉還を実施したが、逸早くその政策を実施したのが盛岡藩主南部利恭《なんぶとしゆき》だった。利恭は白石藩知事となり、従五位甲斐守に任じられた後、謹慎していた東京から直接白石に赴任した。七月のことだ。

一方、盛岡を中心とする領民からは、南部の殿様との別離を惜しむ声が沸き起こった。藩政時代は悪政に苦しめられ、百姓一揆が頻発したが、七百年にわたりこの地を支配してきた南部家への愛着が上回った。領内からは「白石転封反対運動」が起こり、領内をあげての復帰嘆願書が出された。なかでも、九戸在住の小田為綱《ためつな》は遠路東京までかけつけ嘆願書を出す熱心さだった。

そうした運動が実を結び、七月には盛岡への復帰が認められた。こうした嘆願運動は、あまりほかの藩には起きなかった。七月に白石藩知事に任命されたばかりの南部利恭は、八月に盛岡藩知事に任命された。白石への赴任はわずか一カ月で終わった。

だが、盛岡への復帰は七〇万両の献金という条件が付いていた。土地や人民を朝廷に返還した盛岡藩にとって、七〇万両の献金は不可能だった。大参事の東次郎らが奔走し、翌明治三（一八七〇）年五月、五万両の献金だけで免除された（＊10）。このとき、献金完納の見込みが立たなかった南部利恭は藩知事辞職、つまり廃藩願いを出し、同年七月許可されるとともに、献金義務が自然消滅した。

通高はこの知らせを喜んだ。七月二二日の『幽囚日録』には「七十万金ハ不容易ことながら、先、御復帰ときく嬉しさニ涙のミはふり落て、楢山君ニきかせ奉りなバ死する身にも恨なからましをと思ひだされぬ」(＊11)と書いている。

さらに、「今日の喜せんとて豚など取寄せ宴を開く。会せる人々ハ直右衛門、悦右衛門、太郎、春嶺、茂太郎、通世、原平太郎、米内万蔵等也」(＊12)と書き、夕方に喜びの宴を開いたことも記す。通世などに混じって原敬の兄・平太郎の姿もその中にあった。なお、原平太郎が『幽囚日録』に登場するのは、この日が最後だ。

盛岡藩は鍵屋という藩を代表する商人が献金に応じた結果、破産に追い込まれ、地元経済が立ち遅れることになる。

盛岡藩が新政府から甚大な賠償金を要求されたことは、家格が高い原敬の実家にも影響した。盛岡城外本宮村にあった父祖伝来の広壮な家屋敷を取り壊し、献金に当てたため領田の大半を失う結果となった。

鍵屋茂平衛、かつての村井京助は明治六(一八七三)年、悲嘆の末に亡くなった。茂平衛はかつて那珂通高の兄春庵と親しかった。吉田松蔭や宮部鼎蔵が盛岡にやって来た時は彼らと会っている。その後、家業の呉服屋を継いで鍵屋茂平衛となり、盛岡藩の御用商人となったが、まさか松陰の弟子筋によって破産に追い込まれるとは夢にも思わなかったに違いない。

一、二　木戸孝允の計らいで大蔵省、文部省に出仕

通高は明治二（一八六九）年一〇月三日、金地院での謹慎が解かれたが、謹慎はこれで終わらなかった。一一月に白石按察府《あんさつふ》に召還され（按察《あんさつ》：調べて正すこと）、一二月二五日には相馬城に幽閉された。翌年二月には白石の旅亭で百日間の尋問があった。尋問を受けた後、翌年五月に東京に送られ、七月二〇日からは福井藩邸での謹慎が続いた。赦免《しゃめん》されたのは明治四（一八七一）年九月だった。

これは木戸孝允ら明治維新の元勲と通高が若い頃知り合っていたことが災いしたかもしれない。通高が記した『幽囚日録』には木戸準一郎（孝允）が九度登場する（＊13）。新政府の高官として活躍する木戸の動静に通高が関心を抱いていたことがうかがわれる。木戸の

ほうもかつて松陰を通して交遊があった通高の動静には無関心ではいられなかった。幽囚が解けた後、木戸の斡旋で通高は文部省に出仕している。

その件については、太田孝太郎が次のように記している（「那珂梧楼伝」）（＊14）。

木戸との関係は松陰の門下の俊才として梧楼に兄事していた。後年一日木戸は馬を駆りて梧楼を訪うた。梧楼書斎にあり、刺をみ、辞して曰う、参議の木戸何の用があると、木戸ただちに、桂なり、小五郎なり、那珂兄、揩大いまなお已まざるかと、ときに書斎笑声あり、アア桂君か、小五郎兄か、すみやかに入り玉へと、握手歓談、旧に倍したと云う。後年木戸によって推輓《すいばん》されたことが多かった。

かつて交際した相手が敵になり、その敵から就職先を世話してもらうことに屈折もあったと推測される。

なお、「桂小五郎孝允」は慶応元（一八六五）年九月二九日、「木戸貫治孝允」と改名している。通称は後に「準一郎」となり、明治維新後は諱《いみな》をとって「木戸孝允」と名乗った。桂は幕府に注目されていて、その追及から逃れるために長州藩が名前を変えさせたのである(＊15)。木戸は明治三(一八七〇)年六月に参議に任じられている。木戸が通高を訪ねたのは、赦免されてすぐのことだったと推測される。

木戸との関係は続く。明治六(一八七三)年九月、木戸に依頼され、松陰が桂に送る書の跋文《ばつぶん》を書いている。翌明治七(一八七四)年一二月には、木戸が発行している『東京曙《あけぼの》新聞』に詩を寄せている。木戸の要請で、文芸方面の顧問になったといわれている。『東京曙新聞』は明治四(一八七一)年、木戸が出資し長州藩士山県篤蔵に発行させた『新聞雑誌』が前身で、明治新政府の文明開化や廃藩置県などの政策を周知されることを目的とした。翌年、『あけぼの』と誌名が変わり、さらに『東京曙新聞』と改称された。

盛岡藩庁が南部利恭を藩知事として開庁して以来、七〇万両の献金をめぐっては旧藩士間に意見の対立が続いた。

太政官はこのことを知るに及び、官吏を罷免《ひめん》した。この際に通高は佐々木直作と共に謹慎を命じられ(明治三年五月)、同年七月には福井藩別邸での幽囚となった。

翌年九月二七日、やっと赦免になった。通高は満二年九カ月に及ぶ謹慎生活を送ったことになる。通高の一家は村井茂兵衛(京助)の小網町の別宅に住むようになった。

その間、通世は通高の謹慎が解けるように奔走した。

明治四（一八七一）年九月、自由の身となり、賊藩の悲哀を身をもって味わった通高は、通世に「朝敵」の汚名を雪《すす》ぐことを託した。発奮した通世は、学問の道を邁進することになる。

こんなエピソードも『幽囚日録』は伝えている。通高は囲碁が好きで、よく来訪者と碁を打った。

通世も囲碁が好きで、よく打ったらしく上達も早かった。やがて、知人や友人の間で相手になる人がいなくなるほど強くなった。

そのことを知った通高は、通世を戒めている。六月二一日の日録に「通世、此頃より碁を囲ミみ居たるを聞、かたく誡めたりし」（＊16）とある。

閑居の身である自分が囲碁をするのは仕方がないが、前途のある通世にはそれを許さない。囲碁をする時間があったら、学問に励め。そう叱咤激励している。通高にしてみれば、通世には学問の世界で戊辰戦争敗北の屈辱を晴らしてもらいたい。そういう気持ちがあったと推測される。

戊辰戦争に敗れた盛岡藩は、教育面での痛手も大きかった。教授江帾梧楼（那珂通高）、助教佐々木直作が首謀者として捕えられてしまったため、藩校の作人館は休業に追い込まれた。各地の郷学も休止に追い込まれ、この状態は一年半ほど続いた。

やがて作人館は再開されたが、旧来の体制ではなかった。文明開化という新政府の方針の下、洋学教育が採用された。洋学所が設置され、洋書の翻訳や洋式隊列の訓練などが科目に加えられた。一般教育の初等教育機関として小学教育が立案された。藩士のための学校から一般庶民を含んだ学校へと脱皮した。

盛岡藩権大参事《ごんだいさんじ》（家老職に代わる役職）野田玉造が藩学学令兼務を命じられ、明治三（一八七〇）年一月二二日、作人館修文所が開校した。

藩知事の南部利恭は当時一五歳で、入寮寄宿して作人館で学びはじめた。

那珂通世も原敬や佐藤昌介などと共に作人館に学んでいる。

明治三（一八七〇）年七月一〇日、南部利恭が盛岡藩知事を辞任し、新たに盛岡県が置かれるようになった。

同年一〇月、作人館は盛岡県学校と改称され、編成替えが行なわれた。

翌明治四年九月、盛岡県学校は盛岡洋学校へと転換を余儀なくされた。和漢学がなくなり、専ら洋学を教える学校になった。この年は廃藩置県が行なわれた年でもあり、旧武士階級の動揺は大きかったと推測される。

那珂通世は新しく発足した盛岡県学校で、大得業生に任命されている。教官のひとりとしてしばらく過ごしたが、洋学校に転換したのを機に上京した。

上京した通世が最初に学んだのは、山東一郎が経営する北門社明治新塾だった。英語を学んだが、物足りなく思った通世は慶応義塾に入り直している。

通世が入学したのは、変則部（速成科）だ。明治六（一八七三）年は変則部が新設された年で、一七歳以上で英学を速習したいという希望者のために設けられたが、通世はその一回生だった。

通世の保証人になったのは慶応義塾の創始者、福沢諭吉その人だった。諭吉は生活に困窮している通世を見かね、塾の雑用をさせて月謝を免除したといわれる。その頃、養父通高は四三歳でまだ働き盛りだったが、赦免されて間もなかったため、生活は厳しかった。そのこともあり、通世は福沢家の雑事をこなしながら、勉学を続けた。

明治七（一八七四）年、通世は変則部を卒業し、山口県萩にある巴城《はじょう》学舎（巴城：萩城の雅称）の教師として赴任した。遠方であり、家族が一緒に同行するかでもめた。明治九年六月、通世は一年で山口を去った。当時の慣習では任期は一年で、報酬は一月五〇円だった。

山口を去ってからどうするか。盛岡藩主が東京に建てた共慣義塾の教師になる道があったが、通高の意見で奉職しなかった。

　この見立ては当たっていた。

　共慣義塾は貧乏学校として知られていた。明治四（一八七一）年一一月に開学した共慣義塾は定員一〇二名で発足し、一時は慶応義塾と並ぶ英語塾という世評を得た。原敬や新渡戸稲造などの盛岡藩関係者のほか、若き日の犬養毅《つよし》が学んでいる（＊17）。だが、次第に入塾者が減少し、ついには閉鎖されるのである（その時期は不明だが、明治一〇年代と推測される）。

　なお、一六歳の原敬は明治四（一八七一）年一二月一〇日に上京し、深川佐賀町に住んでいた通高を訪ねている。そこで原は作人館時代の友人である栃内元吉と合流し、共慣義塾に入っている。明治五年初頭のことである。

　通高は原敬などから聞いて、共慣義塾の実情を知っていた。将来性がないと見込んでいたのかもしれない。

　一方、通高は木戸孝允の計らいで明治六（一八七三）年に月給五〇円で大蔵省に出仕し、その後、月給百円で文部省編書課に移り、『小学読本』の校訂に従事した。

　木戸の実家は藩医で、もともと学問好きの家系だった。そのこともあり、若い頃、江戸で木戸は通高に兄事《けいじ》したが、通高の学識を高く評価していた木戸は、その学識を新政府の教育に生かそうとしたと推測される。

『小学読本』は通高が遺した業績の一つである。文部省に出仕して手掛けた師範学校用の教科書だ。

文部省が設置されたのは明治四（一八七一）年で、翌年には小学校、中学校、大学、師範学校の学制が正式に発足した。教育、学術、文化、スポーツの振興と普及が文部省の役目で、学校教育を国民に浸透させ、知的レベルの向上が図られた。

学制がスタートするに伴い、教科書の作成が必要になり、通高はその編纂に従事することになった。『小学読本』は明治七（一八七四）年に頒布されたもので、校訂を担当した通高の名前が記載されている。

当時、通高が勤めた編書課の課長は西村茂樹だ。西村は文政一一（一八二八）年三月一三日、江戸辰ノ口の佐倉藩邸に生まれた。佐倉藩は当時一一万石で、堀田正篤が藩主の時代だった。父芳郁は禄高二百石である。幼い頃から学問に励んだ茂樹は嘉永三（一八五〇）年家督を継ぎ、藩校や佐久間象山から西洋流砲術を学んだ。明治維新後は深川佐賀町に家塾を営んでいた。

茂樹は啓蒙《けいもう》的知識人が集まった「明六社」の結成に尽力した。長らく欧米の文化に親しんできた森有礼《ありのり》と会ったことが契機となり、明治六（一八七三）年七月に結成された。明六社は明治維新の際、敗者の側だった幕府系の洋学者集団だった（＊18）。

茂樹は明治八（一八七五）年六月、洋々社を設立したことでも知られる。会員は明六社の文明開化をリードする知識人とは異なり、大槻磐渓《ばんけい》、大槻文彦などに混じって那珂通高などが参加した。著名な漢学者のグループである。洋学のみならず漢学にも秀でた西村茂樹がグループのリーダーだった。

明治六（一八七三）年一一月二五日、西村茂樹は文部省出仕となり、編書課長に命じられた。森有礼の推挙によるものと推測される。廃藩置県後、新しく発布された学制の施行に伴い、中小学校用の各種教科書を必要とされる時代が到来した。

当時、編書課のほかに反訳課があって、河津祐之を課長、洋学者を課員として教育用の西洋の書物を翻訳していたが、洋書を読む者は和漢の書に通じない人が多く、漢文に通じた人に翻訳文を修正させていた。その作業を「校正」といったが、校正者は編書課員が当たった。通高も校正者の一人として仕事をした（＊19）。

やっと、自由の身になった通高は西村茂樹がリーダーとなって発行された『洋々社談』

という小雑誌で原稿を書いた。この雑誌は当初月に二回、後に月に一回発行された。洋々社は、明治一八（一八八五）年まで存続している。『洋々社談』は第九五号まで発行されたが、通高は亡くなるまでほぼ毎号のように寄稿した。

明治八（一八七五）年二月、二八歳の大槻文彦が報告課に従事することになった。文彦は明治五（一八七二）年一〇月三日、文部省八等出仕となっている。一等が文部卿で、大木喬任《たかとう》が就任していた。一三等の書記まで約二五〇人の文部省の一員になった。当初、文彦は英和辞書の編纂を命じられたが、その仕事を三カ月ほどした後、宮城師範学校を開設することになり、文彦は師範学校長として仙台に赴任した。仙台で一年半師範学校長を勤めた後、編書課から改められていた報告課に勤務が命じられ、西村から日本の国語辞書編纂が命じられたのだ（＊20）。

国語辞書の編纂は、文部省にとって発足以来の宿願だった。当初、辞書の編纂は数人でやっていたが、多人数では意見がなかなかまとまらず。文彦ひとりにやがて一任されるようになった。そのことが後に『言海』の編纂という大事業に発展した。

通高は西村に勧誘され、明治九（一八七六）年、東京修身学社に参加している。この結社は毎月一回銀座二丁目の安全幸福社に集まり、修身道徳について論じたが、やがて日本弘道会に発展してゆく。西村は文彦も誘ったが、文彦は日本辞書編纂に専念したいといって断っている。

通世は慶応義塾卒業後、福沢諭吉の命で、明治七（一八七四）年七月義塾の大阪分校の英語教師として赴任したが、その学校に定着せず、翌年一月福沢の斡旋《あっせん》で山口県萩にある巴城学舎に赴任した。萩では月給五〇円と破格な待遇だったが、当時萩では不平長州士族による政府転覆計画が進行中だった。そのようすを見て、通世はこの地に長居すべきではないと思い、同年六月引き揚げた。

明治七（一八七四）年二月、佐賀の乱が起きると、山口県の士族はその動きに呼応しようとした。そのことを中野県令から聞かされた木戸孝允は首謀者の一人前原一誠と会い、小田原など地方官への任官を促したが、前原は応じず、萩の乱へつながっていった。その際、通世に前原一誠の使いということで奥平謙輔《けんすけ》が訪ねてきた。奥平は通世にかつて交際があった養父通高への密書を手渡した。

奥平は同年一〇月の萩の乱後処刑されたが、奥平の許《もと》から通高の密書が出たことから、通高は政府の嫌疑を受けたが、内容が謀反とは無関係だったので事なきを得た。

明治一〇（一八七七）年二月一五日、下野《げや》していた西郷隆盛が不平士族にかつがれて鹿児島で反乱を起こした。

西南戦争である。この時、右大臣だった岩倉具視《ともみ》が東北地方の旧藩士族から臨時巡査を募集して戦場に送った。西郷討伐の名の下に、新政府に不満を抱く旧士族を牽制《けんせい》する狙いもあった。西南戦争には新渡戸稲造の叔父・太田時敏や稲造の兄二人（七郎、道郎）が従軍している。稲造はその件に関して、「私の叔父は、維新戦争で藩を辱《はずか》しめた薩摩に恨みを晴らす機が熟したと考え、警官隊の隊長に応募し、南へ向かって進撃した。私の上の兄も自費で故郷から新兵約百人の一団を募り、政府軍に加わった。病身の兄も一兵卒として参加した」と記している（＊21）。

那珂通高の墓（東京・青山霊園）

同年一二月、通世はまたも福沢のすすめで千葉師範学校の教師となった。俸給は月に四〇円だった。慶応義塾の出身者で国立学校や師範学校の教壇に立つ者は非常に多く、諭吉は率先してそれを後押ししたという。

明治一二（一八七九）年五月一日、那珂通高が死去した。五三歳だった。翌日、盛岡市青山南町四丁目の梅窓院に埋葬されたが、現在の墓所は青山霊園にあり、通世の近くで眠りに就いている。

同年三月、西村茂樹の建議により『古事類苑』の編纂が始まっていて、通高は文部省でその仕事に携わったが、その仕事を始めたばかりの突然の死だった。

通高は謹慎を解かれて後、旧交があった木戸孝允の計らいで大蔵省、文部省の嘱託の仕事を得たとはいえ、最期まで不遇だった。

すでに紹介した通り明治九（一八七六）年、長州藩出身の前原一誠が萩の乱を起こした。その参謀である奥平謙輔と通高はかつて交際があり、通高から奥平に宛てた手紙が見つかったことから嫌疑がかけられた。

明治一一（一八七八）年に土佐立志社の政府転覆の陰謀が発覚した時も身辺に密偵が張りついた。詩文のことで交友があった陸奥宗光《むつむねみつ》らが捕らわれたのだ。

いずれも疑いは晴れたが、通高の心中はすっきりしなかったに違いない。交友の多さが厄を運んできた。

通高が生涯を終えた時、通世は東京女子師範学校に移っていたが、明治一四（一八八一）

年、通高の遺作『文法捷径《しょうけい》』を校訂して刊行している。

通高の遺作に関しては、『はゞかりながら』が明治二五（一八九二）年に十文字信介氏が、『旅の苞《つと》』が明治二六（一八九三）年に佐藤平次郎氏が出版している。

那珂通高が亡くなったという知らせを聞いた門弟たちは五月一二日、『日進新聞』に死亡広告を掲載、翌々日には招魂祭の広告を掲載した。六月一日に盛岡市の大泉寺で招魂祭を行なうという内容で、当日の様子を門弟の菊池長閑《のどか》は「当日晴天にて参拝　人四五百人も有之候事」と手紙で通世に伝えている（＊22）。

那珂通高の没後、追慕していた門弟たちにより大泉寺に招魂碑が建てられた。この碑文は門人太田代恒徳選によるもので、通高の出自から没するまでの事績が簡潔に刻まれている。「明治十二年六月　梧楼那珂先生招魂碑　建築寄附金収入簿」には門人など一二〇人の名前が記されているが、その中に内藤調一（号は十湾）の名がある（＊23）。内藤十湾は通高の門弟で、東洋史学者として大成した内藤湖南の父である。そうした縁もあり、後年那珂通世と内藤湖南は深く交遊した。

二、東洋史の先駆者

那珂通世は、養父通高が関係した『洋々社談』にも寄稿している。明治九年、二六歳の時、「古代の文字」「古今文字の沿革」という論文を発表している。通世は文彦とともに少壮の学者として登場した。

通世は明治一一（一八七八）年、『洋々社談』に「上古年代考」「日本上古年代考」を発表した。これは中国古代書の年代と『日本書紀』の年代が一致しないことを学問的に究明したもので、後年、通世は『史学雑誌』に「上世年紀考」としてまとめている。

『洋々社談』を通じて知り合った大槻文彦との交流は続いた。

文彦は『言海』編纂と並行して、文法書たる『広日本文典』の編纂を進めていた。その作業のため、文彦は明治一一（一八七八）年十月、「文法会」を設立した。明治九年一二月に上野不忍池の三河屋で集まりが持たれたが、その参加者五名の中に通世がいた。

通世は明治八（一八七五）年五月から一年間山口県萩市にある巴城学舎で教師をしていたが、帰郷後は自己研鑽中だった。

翌年一二月、千葉師範学校と千葉女子師範学校に奉職する通世だが、その間の一年余り学業に専念した。『洋々社談』に論文を発表するかたわら、「文法家」の活動にも参加した。この「文法会」は明治九（一八七六）年一二月から一一年七月まで一六回開催された。場所は三河屋である。

その後中断があり、メンバーを変えて再開されるが、その成果は『広日本文典』の出版として生かされた。

通世の関心は次第に中国（支那）に移ってゆく。中国の歴史をわかりやすく教えるための教科書がなかったことから、自身での刊行を思い立ち、明治一九（一八八六）年から二〇年にかけ『支那通史』（全四巻）を刊行した。

この本は中村正直、島田重礼らに絶賛され、広く教科書として各方面から受け入れられた。全文が漢文で書かれたこの本は、当時としては完璧な歴史書だった。

従来、中国に関する教科書といえば、『十八史略』などしかなく、それらはきわめて儒教色が強かった。通世は欧米で編纂されているような通史として書いた。中国の文化が歴史的に停滞しているという歴史認識に基づいて書かれており、背景には福沢諭吉が著わした『文明論之概略』の影響があった。

昭和一三（一九三八）年、東大教授だった和田清の翻訳により岩波文庫に収められて以来、一般に広く読まれるようになった。

和田清はその序文で「我が邦東洋史学の開祖の随一人としての博士が最初に書かれた傑作である」（＊24）として最大級の賛辞を表した。

清国でもこの本は評価された。明治三二（一八九九）年、考証学者である羅振玉《らしんぎょく》はこの本を上海で翻刻出版した。

『支那通史』は大きな評価を得たが、宋の時代で記述が止まっている難点があった。これは元代の歴史資料が杜撰だったためで、後年通世は元代の研究に没頭し、『成吉思汗《ジンギスカン》実録』を完成させた。

明治維新以降、欧米に目を向けることになった結果、日本では中国研究は次第に重要視されなくなった。

東京帝大の文科大学では相変わらず、江戸時代来の漢学が中心で、史学科が別にあったが、主に西洋史が講じられた。中国史は独立した科目になく、漢学科に付属していた。

明治二六（一八九三）年になり、やっと史学科に支那史が加えられ、通世らが講義するようになり、後年の東洋史学のいしずえが築かれた。

『支那通史』を執筆することで、通世はそれまでの西洋史一辺倒の外国史研究を書き換える必要を覚え、西洋史と東洋史とを分け、東洋史の独立を主張した。

現在使用されている「東洋史」と「西洋史」の名称は明治二七年、高等師範学校長嘉納《かのう》治五郎《じごろう》を中心とした中等学校教科目改定会議で、通世が外国史を東洋史と西洋史に分けるべきだと主張したことに始まる。

その主張はやがて実を結び、通世は東洋史の創始者と目されることになった。

通世はまず、第一高等中学校兼師範学校教授として支那史の講義を行ない、後に東京帝国大学文科大学の講師として支那史を教えた。

現代では、日本史の事項も西暦を併用するのが普通になっているが、明治時代はそうではなく、元号だけというのが通例だった。通世は漢文の授業でも西暦を使用した。通世の学者としての奥深さを物語るエピソードである。

三、那珂通世と女子教育

三、一　先見性のある教育者

東洋史の先駆者として知られる那珂通世は、教育者としても有能だった。

明治一〇（一八七七）年、月給四〇円で千葉師範学校と千葉女子師範学校の教師長（教頭）を兼任した通世だが、終始教育畑に身を置き、一生の間に十校で教えている。

たとえば、明治一一（一八七八）年、通世を総理として千葉中学校が開校しているが、通世の教え子には白鳥庫吉《くらきち》（東洋史）や外交官として有名な石井菊次郎がある。

千葉県の県令・柴原和《やわら》が赴任してきた通世を深く信頼し、全面的に任せてくれたおかげもあり、通世は存分に腕をふるうことができた。

まず取り組んだのが、漢字の削減だった。小学生の教科書を見るとあまりに漢字が並んでいて、小学生たちが漢字を覚えるのに苦労していた。

そのため、試みに算術の教科書を仮名で作ってみた。動詞の活用語尾以外は口語訳の発音に従って訳すことにした。

当時は漢字くずれの文章や平安朝文学くずれの文章などが入り乱れていたが、通世はよくその事情を研究した。

その過程で国語の文法を教える必要性を感じ、学科に組み入れた。

その文法は、英語の文法書に則《のっと》った。現代ではこのことは当然だが、当時としては画期的だった。数年後には仮名の会が盛んになり、仮名づかいの改定を唱える人が増えていく。通世の試みは次第に受け入れられてゆく。

文部省は後に、小学校の教科書を編纂するにあたり、漢字の数を制限し、仮名づかいの改定を行なっている。通世は大槻文彦と交流があり、文彦が主宰していた「文法会」にも積極的に参加していた。そうそうたる日本語学者と文法談義を重ねた体験は自身の教育に早速生かされたと推測される。

千葉中学校は通世を総理として開校したが、従来の日本文典に加えて英語を重視、新たな訳読法で教えた。

なお、盛岡藩校作人館の同窓である原敬が大阪毎日新聞社の主筆として活躍した時代に、漢字制限論を主張して国語問題に言及しているのは、通世の影響があったのではないかという指摘もある(＊25)。

通世は女子教育にも成果を発揮した。通世は千葉女子師範学校草創期に教師長となって赴任、一年後には総理として経営にあたった。

　女子教育が男子教育と異なる点に、裁縫《さいほう》をどう教えるかがあった。すでに小学校では裁縫科があったが、裁縫師が旧来の慣習で教えているだけだった。

　通世は授業法の改良を思い立ち、千葉県下鶴舞小学校にいた渡辺辰五郎を抜擢し、千葉女子師範訓導補に推薦した。渡辺は裁縫教授法の研究に努力し、成果を上げていた人物だった。

　渡辺の赴任により、裁縫科は充実した。

　後に通世は東京女子師範学校に転任するが、このときも渡辺辰五郎を迎え、その教授法を実践させている。後に渡辺辰五郎は東京裁縫女学校を興し、その初代校長に就任、裁縫教育に力を入れた。

　通世は料理教育にも力を入れた。当初料理は科目に加えられていなかったが、通世はその必要を覚え、科目に加えて師範学校の生徒に学ばせた。

　とはいえ、適当な教師がいないことが悩みだった。

　そのため、料理店の主婦を講師に招き、授業にあたらせた。

「家政学」ということばも、通世が考案したものだった。

さらに、幼児教育法という科目を取り入れ、保母練習科を設置するなど、次々に考えを実行に移していった。

三、二　那珂通世と鳩山和子

通世の東京女子師範学校（後のお茶の水女子大学）時代の教え子に鳩山（旧姓多賀）春子がいる。

通世は明治一二（一八七九）年一一月、東京女子師範学校に赴任した。千葉から東京へと住まいも移した。東京女子師範学校の開校は明治八（一八七五）年一一月、通世が赴任したときは開校して四年が経過していた。

鳩山春子は文久元（一八六一）年三月二三日、長野県松本に生まれた。父は多賀努といい、松本藩の大参事を務めた。廃藩置県後は石巻の大参事をするなどして活躍した。明治七（一八七四）年、一三歳の時、父と共に上京した春子は竹橋付近にあった文部省直轄の女学校に入学し、同校全科を修めた。

だが、明治一〇（一八七七）年に同校は廃止された。春子は東京女子師範学校内に新設された別科英文科に移った。

翌一一（一八七八）年七月、別科英学科第一回を首席で卒業し、式場で英語論文を朗読した。同年九月、東京女子師範学校師範科本科に入学した。春子は英語が堪能で、在学中にアメリカ留学が内定していたが、文部省の方針変更により中止となった。

通世は明治一二（一八七九）年一一月、東京女子師範学校に訓導として赴任してきた。一四年七月には同校校長（兼教諭）となっている。ふたりの出会いはこの頃である。明治一四（一八八一）年七月一三日、春子は東京女子師範学校を卒業。その頃、後に政治家として大成した鳩山和夫との間に縁談が持ちあがっており、一一月に結婚している。鳩山和夫は米国への留学経験もあり、英語が堪能《たんのう》な春子とは共通の話題があった。鳩山は後に政治家となり、盛岡藩出身の原敬と浅からぬ縁で結ばれる。安政三（一八五六）年四月三日、勝山（岡山県）藩士の家に四男として生まれた。

明治三（一八七〇）年、各藩から一人ずつしか選ばれない貢進生として大学南校に入学した。大学南校は官立の官吏養成所で、安政二（一八五五）年に幕府が創立した洋学校・蕃書調所《ばんしょしらべしょ》がその前身である。これが開成所となり、明治維新の際に開成学校となり、明治二（一八六九）年八月医学校と合併し大学校として一橋に開校した。専ら西洋の近代的な学問を輸入して子弟に教えたが、これが明治二（一八六九）年一二月、大学南校となる。なぜ、「南校」と称したかといえば、幕府の旧昌平黌《こう》（明治元年昌平学校となり、大学校の本校となる）がお茶の水にあり、その南にあったからだ。御徒町《おかちまち》の医学所は大学東校となり、後に南校と合併して東京大学となった。

鳩山は常に首席を保つ成績で、明治八（一八七五）年小村寿太郎らとともに、法学を学ぶためアメリカに留学した。コロンビア大学で学士、エール大学で法学士の学位を得て明治一三（一八八〇）年に帰国後、すぐに東京帝国大学法科大学部講師に迎えられた。なお、小村寿太郎の留学先はハーバード大学である。

この二人は結婚式を挙げて二週間後、築地の料亭に知人を招いて日本で最初の結婚披露宴を行なっている。通世は校長として、参加した（＊26）。

鳩山は友人たちを臨席させ、春子の側は勤め先の師範学校校長の通世や職員が臨席した。参加者の一人、古市公威《こうい》は仕舞を舞い、栗野慎一郎（後の大使）は米国南北戦争のときに歌われたジョンブルを歌った。

宴たけなわとなり、披露宴は次第に盛り上がってゆく。婦人たちに何か歌え、という話になった。

通世は「それでは唱歌を歌えばいいではないか」と提案し、婦人たちは床の間に整列し、唱歌を歌い、喝采を浴びたという。以後、結婚披露宴は次第に浸透してゆく。

春子はもともと自立心が旺盛で、師範学校卒業後は母校に就職している。すぐに結婚し子育てに追われたが、専業主婦で収まる人ではない。

明治一七（一八八四）年六月二日、東京女子師範学校御用掛を拝命している、再び教職に就くことになった。この決定には通世の勧誘があった。春子はこう述懐している（＊27）。

この時分は森有礼氏の文相の時代でしたが、師範の校長は那珂通世先生（文学博士）でした。この方は非常に漢学の出来る立派な方でした。何でも条約改正準備時代でしたので、この改正にはどうしても我国が立派な文明国だということを外国に認めさせることが必要なので、それには婦人を圧制する野蛮の風習を一掃せねばならぬ。それを実行するには、差当り女教員の地位を向上せしむる必要がある。従って社会上の地位のあるものを、その職に当らしめざるべからずという主張を持たれて居りました。

そこで或る時、那珂先生から教員に来てくれないかと御相談を受けました。この時分はまだまだ衣食の為めに教員をして居る向が多かったので、従って世間からは女教員の地位を低く見くびられて居る。これではいかぬから、女が働くというは一つの名誉と思う様にしたいから是非来てくれとの事でした。元来生徒が大変好きで、教育に趣味を有って居ります私は、折角勧められてお受けを致したいと鳩山に相談しましたら、元来人の行動を束縛《そくばく》せぬ質の人ですから「お前さえよければ決してとめぬ、随意になさい」と言う。そこで十七年六月二日から母校で教鞭《きょうべん》をとることになったのであります。

通世の人間性が垣間みれる述懐である。通世は鳩山春子という個性を見い出し、女子教育の道を歩む手助けをした。

後に、春子は共立女子職業学校（共立女子大学の前身）の設立発起《ほっき》人となり第六代校長に就任して、良妻賢母教育の先駆者となった。後に東大となる大学南校の第一回留学生としてアメリカに留学した夫・和夫の進歩的・開明的な思想が春子に女子の自立、女子の経済的な発展の思想を育んだと推測される。

なお、共立女子職業学校の設立発起人には通世や藤村晴（旧姓蘆野、通世の兄・胖の妻で、操の母）も名を連ねており、晴は共立女子職業学校で算術を教えた（*28）。晴との出会いが後に、夏目漱石との接点を生む。

蘆野晴は長岡藩郡奉行を務めた蘆野壽《ひさし》の長女で、通世の兄胖《ゆたか》と結婚している。前妻を亡くした胖に通世が晴を紹介したのだ。

ふたりの間には操、朗、蓋、恭子の四人の子供が生まれたが、長男の藤村操は明治三六（一九〇三）年五月二二日、日光にある華厳の滝に投身自殺して有名になった。通世は藤村操の叔父として有名になるが、そのきっかけをつくったのは通世自身だった（後述）。

春子は婦人参政権運動にも理解を示し、大正一五（一九二六）年四月には婦人参政同盟の顧問に迎えられている。

家庭教育においても春子は奮闘した。ふたりの息子、一郎と秀夫を徹底的に鍛えた。ふたりは共に一高から東京帝国大学へと進学し、一郎は首相、秀夫は東京帝国大学教授となった（＊29）。

鳩山春子は昭和一三（一九三八）年に七七歳で亡くなるが、婦人の地位向上に尽くした生涯だった。

第一次世界大戦後、首相になった鳩山一郎は春子と和夫の長男だ。春子は教育ママとしても先駆者で、長男一郎が一高に入学した際、あんな寮ではだめになる。通学させるからと言ってきたという。対応した一高校長の狩野亨吉は「ここは入寮が原則です。それが気に入らぬとすれば退学届を出して下さい」と言ったそうだ。そう言われ、春子は折れざるを得なかった（＊30）。

四、那珂通世と自転車

四、一　自転車の流行と那珂通世

那珂通世は好奇心が旺盛で、当時あまり普及していない自転車を乗りまわしたことでも知られている。

そのことに触れる前に、自転車の歴史について紹介する。

一八一八年、ドイツで地面を蹴って走る自転車が初めて考案された。

日本に登場したのは幕末の慶応年間である。三輪車タイプと二輪車タイプがあったという。開港してまもない横浜に持ち込まれた自転車は錦絵《にしきえ》に紹介され、珍奇な目で人々に迎えられた。

明治三（一八七〇）年、東京の車大工をしていた竹内寅次郎が「自転車」と命名した、と伝えられる。すでにこの頃から手作りの自転車が作られはじめていたようだ。

とはいえ、産業として発達するには時間がかかった。需要がすぐには見込めなかったこともあり、自転車は当初、貸自転車用として作られた。その辺の事情を佐野裕二は次のように紹介している（＊31）。

明治初期につくられ、使われたものは、どうやら貸自転車用がほとんどだったと思える。しかし明治一〇年前後になって、前輪の大きいオーディナリ型が伝わると、日本各地にいた素封家《そほうか》で新しもの好きな人たちは、きそって手にいれたがるようになる。だるま自転車、一輪半などと呼ばれた日本型オーディナリは、そうした需要に応えて、精巧な装飾を施した鉄製フレームと、漆仕上げの立派な車輪をそなえた独特のスタイルを産み出した。

貸自転車は日本中に広まり、盛衰を繰り返した。その状態が明治二〇年代まで続いた。

明治政府はそれまでの鎖国により科学技術の進歩に後れをとっていたことを憂慮し、殖産興業に力を入れはじめた。内国勧業博覧会もその試みの一つで、西南戦争が終わった明治一〇（一八七七）年一〇月二六日に第一回が開催された。

内国勧業博覧会は五回開催されたが、第二回以降自転車が出品された。主なものは貸自転車用に作られたオーディナリ型やミショー型であり、技術的にはまだ輸入品に比べ見劣りがした。

明治一九（一八八六）年三月二八日付『朝野新聞』は「大学で自転車会設立」という見出しで、東京帝国大学の広田理太郎、和田義睦らが校内に自転車クラブを設立したと報じた。クラブで所有していたのは、オーディナリ型一台のみだった。

発起人のひとりで、後に地球物理学の権威となる帝国大学理科大学の助教授に就任したばかりの田中舘愛橘《あいきつ》は、次のように述懐している（＊32）。

此頃ノ自転車ハ足踏ノ回転ヲ鎖引デ拡大スル様ナ構造ノナイモノデ前輪ハ大キク、後輪ハ小サクテ、コレニ乗ルト一時馬ニ乗ッタ様ナモノデアッタ。此会ハ一台ノ自転車ヲ買ウ資金ヲ出シ合ッテ之ヲ購入シ大学中ヲ乗回シテ運動ノ一種トシタモノデアル。ゴムタイヤ杯ハ大ノ贅沢物デ、我々ノ買入レタルハ無論鉄輪ノ頑強ナルモノデアッタ。

那珂通世はおそらく、この新聞記事を読み、自分も自転車を乗りまわしたくなったに違いない。田中舘愛橘は盛岡藩の出身で、同じ藩校作人館に学んだ旧知の人だった。

当初、輸入品に押されたが、次第に自転車の国産品も出はじめた。日本で初めて安全型自転車を製造したのは、現存する宮田製銃所だった（＊33）。

宮田製銃所の創業者・宮田栄助は天保一一（一八四〇）年、常陸《ひたち》国真壁郡（茨城県）の農家に生まれ、笠間藩お抱えの鉄砲師となったが、明治四（一八七一）年の廃藩置県により生活に窮し、明治九（一八七六）年に上京した。小石川の砲兵工場に勤めた後、明治一四（一八八一）年に独立。京橋区木挽《こびき》町で宮田製銃所を創業した。木挽町はビジネス街の日本橋、外国人居留地である築地の中間に位置し、そのことが同社の運命を変えた。

明治二三（一八九〇）年、外国人に依頼され、安全型自転車の修理を手掛けたことを契機に自転車の修理に力を入れるようになった。当時、前輪が大きく、後輪が小さい「オーディナリー（だるま車）」というタイプが一般的だったが、持ち込まれたのは現在の自転車と同じ「セーフティ」という型だった。第一号車は試験的に自家用としたが、耐久力が輸入品に比べ遜色がなかったので大いに自信を得て、製作を続けては希望者に販売した。

なお、宮田製銃所は明治二五（一八九二）年、後に大正天皇となる皇太子の自転車も作っている。明治三五（一九〇二）年、同社は銃の製造を廃業して、商号を宮田製作所に変更、自転車製造を本業とするようになり、現在に至っている。

また、名古屋にあった中村商会が明治二七（一八九四）年に舶来《はくらい》自転車の輸入を始めている（＊34）。

当時アメリカ製の自転車は一台二五〇円から三〇〇円もした。一台自転車を売ったら、一月や二月病院に入院するほどの利益があった。それだけ高価で、顧客は上流階級の資産家とその子弟に限られていた。

明治二六（一八九三）年、日本で最初の自転車クラブ「日本輪友会」が発足している。事務所は京橋区南鍋町の交詢《こうじゅん》社内に置かれた。会員となったのは三菱の岩崎久弥ら財閥関係者が多く、自転車に関する研究と親睦が会の目的として掲げられた（＊35）。

日本輪友会はしばしば、遠乗り会を企画した。たとえば、明治二七年一月一四日に開催された遠乗り会では午前十時に上野公園前の精養軒前に集まり、まず王子を目指した後、郊外に出かけている。

明治三一（一八九八）年になるとクラブ活動はますます盛んになり、自転車が大流行した。同年九月九日の『国民新聞』には、「神戸の自転車クラブ双輪会の会員中五名が東海道を自転車で走る。一行は九月二日に神戸を発し、大阪、京都、名古屋を経て、六日午後三時に着いた。これは長距離疾走のレコードであった」（＊36）と記されている。各地に自転車クラブが生まれ、自転車に乗る人々の動静がニュースとして伝えられた。自転車に乗ることと自体が珍しかった時代である。

四、二　夏目漱石と自転車

那珂通世と同じ頃、イギリスで自転車に乗っていたのが夏目漱石だった。甥の藤村操を介して接点があった二人だが、自転車という共通点もあった。

漱石が「英語研究の為め満二年間英国に留学を命ず」という辞令を受け取ったのは明治三三（一九〇〇）年六月一七日で、当時漱石は熊本にあった第五高等学校の英語教師だった。当初、国費留学生は医学、工学などの実用分野に偏っていたが、この頃より派遣対象が拡大されている。

漱石がロンドンに到着したのは一九〇〇年一月二八日で、ガウアー街の宿に泊まった。イギリスでの生活にとまどい、文部省からの支給金が少なかったこともあり、漱石は孤独な日々を過ごした。

当時のイギリスは過渡期を迎えていた。漱石が留学してまもない一九〇一年一月二三日、かねてから療養生活を送っていたビクトリア女王が亡くなっている。

女王の治世は六四年にわたり、その間イギリスは「世界の工場」として目覚ましい発展を遂げた。その結果、イギリスは物質的に豊かな国になったが、よき時代は終焉《しゅうえん》を迎えた。国民はその死を嘆き悲しみ、今後の行く末に不安を覚えた。そういった不安は漱石も感じ取ったはずである。

夏目漱石（出典：国立国会図書館「近代日本人の肖像」

漱石が自転車に乗ったのは一九〇二年頃で、「自転車日記」という文章がそのことを伝えている。

すでにイギリスでは自転車がブームを迎えていた。上流階級の乗り物と当初はみなされていたが、値段が安くなるにつれて労働者階級まで広まっていった。ブームの終わりに近づいた一八九七年の夏頃から、比較的安い自転車が出まわりはじめた。大手メーカーのラッジ・ウィットワース社は、同年七月に特別仕様車を三〇ポンドから一六ギニ（一六ポンド十六シリング）に、普通車を二〇ポンドから一二ギニ（一二ポンド一二シリング）に値下げした。翌一八九八年にはさらに値を下げ、二〇世紀のはじめ、漱石がロンドンに渡った頃には、上流階級や中産階級の市場に代わる大衆市場（労働者階級）へ向けた自転車が製造されるようになっていた。大衆車の出現だが、値段は労働者階級の平均週給の一〇倍以上したから、自転車を買うためには他の多くを犠牲にしなければならなかった（＊37）。

文部省の留学生として勉学に励んでいた漱石はその頃、神経衰弱に苦しんでいた。人との接触が嫌になり、外に出ず、部屋に閉じこもったきりの生活が続いていた。

そんな様子をみて、ロンドンの下宿屋のおばさんが気分転換に自転車に乗ることを勧めた。とはいえ、一カ月一五〇円の、文部省留学生には新品を買う余裕がない。漱石が買ったのは中古自転車だった。

容易に入手できるようになった結果、自転車は新しい娯楽として定着した。自転車に乗れば、適度の運動にもなる。晴れた日に郊外に自転車に乗って出かければ、新鮮な空気を吸うことにもなり、健康にもよい。

漱石は鳥打帽をかぶり、近くの馬乗り場で早速練習を開始した。

だが、ハンドルを握りサドルにまたがるや、すぐに自転車から転げ落ちる、後ろから友人に押さえてもらい走り出すと、砂地に投げつけられる。自転車の練習は大変な苦労をもたらした。

そんな悪戦苦闘ぶりを「自転車日記」からうかがい知ることができる。よく落っこちて手の皮を擦《す》りむいたり、坂道で乳母車にぶつかってどなられたりもした。ある日のことだが、自転車を持ち出し、監察官の命じるまま、坂をいっきに駆け下りる。途中で出会った女学生の列を辛うじて避け、坂を下り切ったが止まらない。車道から人道へ、さらに板塀にぶつかってようやく停止する。

また、イギリスの知人宅で自転車遠乗りを誘われることがあった。弱ったが、坂の上から勢いよく下りていくなんてすこぶる愉快だと答え、令嬢からよほど巧《うま》いと誤解されてぜひ行こうと強要されて進退きわまる。その家の主人にそのうちお宅へ自転車で伺うから一緒に散歩しましょうと仲裁され、サイクリストとして資格なしと認定されたことにつき、幸か不幸かわからないとひそかに苦笑した。

練習の末どうにか自転車にまたがって街を走れるようになったが、まだまだ未熟で、荷車を避け切れずみずから落車して衝突の難を避け、巡査に笑われたりもしている。「自転車日記」からは、自転車に早く乗れるようになろうと、涙ぐましい努力をしている漱石の息づかいが伝わってくる。

憂鬱《ゆううつ》な気分は、自転車の練習をすることで次第に晴れていった。上達した漱石は、やはりロンドンにいた友人の岡倉由三郎の下宿を自転車で訪ねたといわれている。精神の健康を回復した漱石は、スコットランドのピトロクリへ小旅行に出かけた。その後ロンドンに戻り、帰国の途に就いた。

とはいえ、漱石は日本に帰国後、苦労して乗り方を習得した自転車に乗ろうとはしなかった。妻鏡子は、その件に関して次のように書いている（＊38）。

夏目が自転車を乗りまわしている図は想像できませんが、日本へ帰って来てその話をしますから、こっちでもおやりになったらいいじゃありませんかと申しますと、どうも東京はロンドンと違って、道が悪くて、そのうえせせこましくていかんと申しまして、とうとう乗りませんでした。

あるいは「道が悪く」というのは口実で、神経を病んでいた留学生時代の苦い思い出とともに、自転車を封印したかったのかもしれない。

漱石は明治三六（一九〇三）年、高浜虚子《きょし》が主宰する雑誌『ホトトギス』に「自転車日記」を発表したが、同年宮武外骨《がいこつ》は自身が発行した『滑稽《こっけい》新聞』に「自転車今昔談」を発表、このことが日本での自転車大ブームを引き起こした。

四、三　那珂通世の自転車旅行

東京都品川区上大崎にある自転車文化センターには、自転車に関する資料が揃っている。そこで那珂通世に関する資料を探していたら、『自転車』という雑誌を見つけた。この雑誌は神田仲猿楽町にあった改進社が発行していたもので、一九〇〇年頃の自転車が普及しつつあった時代の息吹を伝えている。

『自転車』第九号（明治三四年四月発行）には、「十傑投票第三回披露」という記事があり、牛込区東五軒町の那珂通世が名望家一〇位として、一四一票を獲得したと紹介されている。同年八月発行の『自転車』第一三号には、勇輪義会の名誉会員として那珂通世が推薦されたとある。

さらに、輪友社発行の『輪友』第五号（明治三五年三月発行）には、勇輪義会水戸支会が結成され、通世が発会式に来賓として臨んだ記事が掲載されている。

自転車を愛好する名望家として、那珂通世が遇されていたことがうかがわれる。

『自転車』第九号に通世は「奥州転輪記」という寄稿文を寄せている。

これは文部省から栃木、福島、宮城三県の学校視察を命じられた通世が明治三四（一九〇一）年三月三日、東五軒町の自宅を自転車で出発し、一三日に自宅に帰るまでの日々を綴った興味深い記録だ。

かつて奥州街道を幾度も往復したが、近年、記者の便に頼るようになったため、道路や田野がどうなっているか。この目で確かめたく思った、とまず自転車旅行を思い立ったいきさつについて記された後、いでたちについてこう記している。

転輪旅行の旅装と云へば、鳥打帽に半ヅボンと定まれる様なれども、余は諸学校臨視の命を受け居れば、か丶略装をなし難し。山高帽に、上下揃へる洋服を着て、鉄の足輪を以てヅボンの裾をく丶りたるは、殆ど平日出校の装に異ならず。低白シャツとカラーとは、いかにも疾走に便ならざれば、これは風呂敷に包みて手荷物とし、チョッ

キの下にフラネルのシャツ三枚、ヅボンの下に股引二枚をはき、外套を用ひず、襟巻を巻かず、腰にピストルを帯び、手に皮の手袋をはめて、これにて奥州山野の寒風氷雪にも畏れざる覚悟なり。

ピストルを携帯するなどかなり重装備で、自転車での旅行が危険と隣り合わせだったことがうかがわれる。

自転車での長距離旅行は今回が初めてではない。以前、播州《ばんしゅう》（播磨《はりま》国、現兵庫県）路や北陸道などを巡遊した時は、荷物が多すぎて大変だった。

そのため、今回は荷物を軽くした。風呂敷包の中には白シャツ一枚、カラー二つ、襟飾り一つのほか、地図三枚、西洋手ぬぐい一つ、楊枝《ようじ》一つ、歯磨き一袋、石鹸一つなど。ゴムの薄片、ゴム糊、テープなどタイヤの修繕に必要なものも入っている。時計、がま口、汗拭き、鼻紙、煙草入れなどはチョッキ、コートの隠しに入れた。その頃には旅館に行けば、かなり物が用意されていて、所持品は少なくてすんだ。

三月三日の朝五時頃、通世が千住に向けて出発したようすは次のように記されている。

雪はあれども、地凍りて路悪しからず。草加、越谷、粕壁、幸手を、凍りの未だ解けざる内に通り過ぎたり。栗橋の渡しを過ぎて下総の西北隅に入れば、時刻も昼に近く、地漸く解けて、路悪き処あり。午後一時古河にて昼食し、進んで下野に入れば、路益々悪し。間々田に至れば雪ふり出せり。おまけに北風、雪を吹て面を撲ち、進行甚苦し。今度の転輪旅行は、失敗に帰するかとまで思ひしが、二十分ばかりにして雪は晴れたり。薄暮雀の宮に至れば、泥深くして車行し難し。車を引て行くこと一町ばかりにして、車輪に泥満ちて回転せず。人の檐下《のきした》に休み、車輪の泥を落し、車を肩に檐《にな》ひ、十余町を過ぎて、町はづれの原中に出でたれば、路さまで悪しからず。夜に入りて宇都宮に入り、栃木県師範学校長鈴木光愛君の宅を訪ひ、旅館の案内を頼み、丸屋に投宿せり。

当時は道路の整備が進んでいず、舗装されていない道路を走らなければならなかった。翌四日は宇都宮に滞留し、師範学校と中学校を視察した。師範学校では自転車の練習を始めることが話題になった。

翌朝五時前に女中が起こしにきた。食事後に切符を買わせましょうかと尋ねられたが、それには及ばすといって自転車で出発している。

汽車が走っているのに、自転車で出かけるなんて少し変わった人と思われたかもしれない。とはいえ、すべて自転車でというわけにはいかなかった。黒磯に着くと、雪がまだ残っていた。

周囲の山は雪で真っ白く覆われていて、前途を自転車で行くのは無理と判断した通世は、黒田原の停車場に引き返して郡山までの切符を買った。

この日は、福島に到着の予定だった。もし雪が解けてたら郡山から福島まで自転車で行こうと思ったが、車窓から眺めると、雪はまだ解けていない。仕方がなく、福島まで汽車で行った。その日、三月五日午後三時に福島に着き、師範学校を巡覧後、藤金本店に泊まっている。

三月六日は福島で師範学校や中学校を巡覧。七日の朝、仙台に自転車で向かう。六日に仙台の師範学校からいつ頃到着するのかと電信で問い合わせがあった。ふつうに行けば行程が二十二里（約九〇キロ）なので、自転車で七時間の距離なのだが、途中道路が悪いことを予測して、夕刻と答えた。

だが、道路は思ったほど悪路ではなく、午後二時頃仙台に到着し、従兄である那珂通文の家に泊まった。

仙台の師範学校、中学校の校長がやってきて言うには、教員の中に自転車に乗る人がいて、長町まで自転車で迎えに行くために、いつ到着するか尋ねたという。予想外に通世が早く到着したために、自転車での出迎えは実現しなかった。

仙台での巡覧を終えた通世は、帰りも自転車に乗った。通ったのは浜街道で、途中、犬と遭遇したようすは次のように書かれている。

九日仙台を発し、浜街道に向ふ。岩沼の町に入りし時、道上に犬三匹戯れ居たり。鈴を鳴らして逐ひたれば、前なる二匹左傍に走ると同時に、右側なる一匹も左傍に走らんとし、余が前輪に引き仆《たお》されキャンキャンと身をもがへトタンに車は転覆《てんぷく》せり。犬に転がされたるは、これが始めてなり。田舎の犬は車の速力を知らぬ故に、車の前をきらんとする、無理からぬ事なり。併犬なれば、引き仆しても善けれども、折々老人などが之を遣らんとするにより、危険にして、油断は出来ぬなり。

当時は野犬が多く、自転車による走行の邪魔になっていた。こんな記述もある。

大津を過ぎし時、犬四五匹追ひ来れり。其中一匹は、遂にヅボンの裾に噛《か》みつきたり。ヅボンは、一寸ほど裂けて、犬は直に逃げ去れり。犬の歯は、いかに強くとも、自転車の走る勢にて引かれては、犬も歯を痛めたるなるべし。二つ島天妃山を左に見、磯原足洗を過ぎ、手綱の浜を走れる頃は、風光明媚《めいび》なるが上に、天気も晴朗なりき。

この自転車旅行は三月一三日に終わっている。十日ほどの旅だったが、最後にこんな感想が記されている。

余が此度の旅行は、気節の余り早かりしにも拘《かか》はらず幸に大失錯もなくして、其目的を達することを得たるは、足の健やかなるが故に非ず、（余が足は、常人より弱し。）全く車の故障なかりし御蔭《おかげ》なり。古の名将は皆馬を愛すること子の如し。輪客の輪に於けるも亦然り。余が乗れるはランブラーなり。世間に余りはやらぬ旧式の車なり。然れども此車は、余が為には実に善《よ》く忠勤を励みたり。

愛用しているランブラーに乗って、各地に旅行していることがうかがわれる。このランブラーは頑丈で、通世にとって実に使い勝手のよい自転車だったようだ。

五、那珂通世・夏目漱石と藤村操

五、一　那珂通世と藤村操

明治三六（一九〇三）年五月二二日、第一高等学校一年に在籍していた藤村操が日光にある華厳の滝に投身自殺した。

まだ満一六歳一〇カ月、人生不可解という悩みから自殺に至ったこの出来事を最初に報道したのは、黒岩涙香が主宰していた万朝報だった。

五月二六日の万朝報は、「那珂博士の甥華厳の瀑に死す」と題し、次のように報じている（＊39）。

自転車博士の異名あるばかり斯道に嗜み深き高等師範学校教授那珂通世博士の甥に方る藤村操（十八）といふは第一高等学校の生徒にて同学中俊秀の聞えある青年なりしが去二十日家出をなし終に日光の華厳の滝壺に身を投じて悲酸なる最期を遂げたり右につき叔父那珂博士はわが社に宛て左の如き悲痛の文を送られたり其青年の平生死因等明かに記されたれば其全文を掲ぐる事となせり。

那珂通世の記した手紙は、次のような内容である（＊40）。

嗚呼哀いかな、痛しいかな。余が兄の子藤村操、幼にして大志あり、哲学を購究して、宇宙の真理を発明し、衆生の迷夢を醒まさんと欲し、昨年より第一高等学校に入り、哲学の予備の学を修め居たれども、学校の科目は、力を用ふるほどの事に非ずとて、専ら哲学宗教文学美術等の書を研究して居たりしが、去る二十日の夜、二弟一妹と唱歌を謡ひ、相撲を取り、一家愉快に遊び楽み、翌廿一日の朝、学校に行くとて出でたるまゝ、廿二日になりても帰らず、母大いに憂ひて、机の引出しを明けて見たるに、杉の小箱の蓋に「この蓋あけよ」と大書しあり。開いて見れば、七枚の半紙に、二弟一妹と近親五名と親友四名とに配賦すべき記念品と学校その外友人十余名に返すべき借用書籍の名とを委しく列記せり、「こは死を決したる家出なり」とて、急に大噪ぎとなり、親戚朋友の家へ電話電報にて問合せたれども、何も「来らず」と云ふ。午後八時に至り、「日光小西旅館寓」として郵書達し、「不孝の罪は、御情の涙と共に流し賜ひてよ。十八年間愛育の鴻恩は、寸時も忘れざれども。世界に益なき身の生きてかひなきを悟りたれば、華厳の瀑に投じて身を果たす」との趣意を委しく告げこせり。

余これを聞き、徹夜輪行して日光に至らんと思ひ、駆け出したるが、栗橋の渡しの夜る渡さぬことに心付き、残念ながら下谷より引き返し、今朝〈廿三日〉の一番汽車にて、操の従兄弟高頭正太郎氏と共に日光に至り、巡査車夫等と力を合せて、華厳の瀑の上下を隈なく探したれば、瀑の落口の上なる巨巖の上に蝙蝠傘の地に植てるあり、近寄りて見れば、大樹を削りて左の文を記せり。

巖頭之感

悠々たる哉天壌、遼々たる哉古今、五尺の小躯を以て此大をはからむとす。ホレーショの哲学竟に何等のオーソリチーを価するものぞ。万有の真相は唯一言にして悉す、曰く「不可解。」我この恨を懐て煩悶終に死を決す。既に巖頭に立つに及んで、胸中何等の不安あるなし。始めて知る大なる悲観は大なる楽観に一致するを。（後略）

文中にある通り、当初、通世は自転車で現地に直行しようとしたが、利根川には交通に便利なように橋が架かっていないため、断念した。従兄弟である高頭正太郎などの親族とともに、始発電車で現地に向かった。

巡査や人夫を同道して捜索にあたったが、操の姿はなかなか発見できなかった。

落ち口に近い大岩の上にこうもり傘が立てかけてあった。近づいてみると、近くの大樹に刻まれてあった「巌頭之感」を見つけた。付近にはナイフ、唐筆などの遺品も置かれていた。

藤村操は明治一九（一八八六）年七月二〇日、東京で生まれた。父胖《ゆたか》はすでに記した通り盛岡藩士・藤村政徳の長男で、通世の兄である。

母の晴は長岡藩士蘆野壽の長女で、壽は長岡藩郡奉行、勘定役を務めた人物である。東京女子師範学校卒業後に、同校で校長をしていた通世の紹介で胖と結婚し、前妻を亡くした胖の後沿いとなった。すでに紹介したように、晴は鳩山春子と同級だった。

晴の人柄については、安倍能成《よししげ》が「私が遭遇した日本婦人の中では最もすぐれた人物だと思って居る。真正直で親切であると共に理想的で愚痴をこぼさず、何か気宇の大きい、女性の欠点を脱した人であつた」と絶賛している（＊41）。

晴と鳩山春子の縁は深く、操は第一高等学校に入学したが、その二年先輩に春子の長男一郎、一年先輩に二男秀夫がいた。ただ、このふたりと操は接点がなかったようだ。

晴を通世が胖に紹介しなければ、操は生まれてこなかったわけで、その死は通世にとってかなりショックだったようだ。

胖は大蔵省に勤務後、屯田《とんでん》銀行取締役として北海道に渡った。そのため、一家は札幌に長く住んだ。操はその時五歳で、小学校、中学校と札幌で過ごし、北海道で成長した。ところが、明治三二（一八九九）年、胖は病死した。その頃操は東京の開成中学に通っていた。同年九月単身上京し、母方の実家の世話になっている。

平岩昭三によれば、家督は先妻の子である二男彬《あきら》が継いでいる。そのため、一家は札幌を引き上げ、上京した。当初は麹町区飯田町に、後に小石川区新諏訪町に転居した。操は家族とともに住むようになった（＊42）。

父胖《ゆたか》の死に伴い、操はにわかに家の将来を担う立場に立たされた。

翌明治三四（一九〇一）年、操は京北中学五年に編入した。一級飛び越しての編入学で学力に優れていたことがうかがわれる。父親を亡くした事情から、経済的な負担を軽減する狙いもあったという、家族思いの面もみられる。

翌年九月、第一高等学校を受験し、見事に合格した。第一高等学校には全国から秀才が集まってくる。その中で、操は最年少の一六歳だった。

藤村操に関しては多くの書籍で取り上げられているが、土門公記『藤村操の手紙』に記されているエピソードを紹介する。

まず小学時代だが、従弟の蘆野弘がこんな回想を残している(＊43)。

藤村の伯母(母)は女子高等師範学校の第一回生で、進歩的な考えを持った大変な合理主義者であったが、伯父(父)ともに子供のしつけにはことに厳しいので知られていた。自分らが親たちに叱られるときによく藤村さんではこうこうだと言われたものだ。

伯父はことにみなりがキチンとした人だったが、操は子供のときからキチンと角帯をしめていた。(中略)帯ばかりではない、これもこの時代にその年頃の子供にはめずらしく操は猿股というものをはいていた。そのことを知った若い女中が「オシッコをするときはどうするの?」と聞いた。操は「何でもないよ。こうするのさ」と着物の前をひろげてメリヤスの猿股を片寄せて、小便をする格好をしてみせた。聞く方も答える方も、まったく無邪気なものである。

家族の愛に包まれて、のどかに暮らしている様子がうかがえる。

操の妹恭子と結婚したのが、操と一高で同級生だった安倍能成だ。安倍は後に一高校長、文部大臣を歴任し、文芸評論家として活躍した。操についてこんな回想を残している（*44）。

彼は体格もよく、運動にも興味を持ち、隅田川へ行ってボートをこいだこともあったときく。やせこけた神経質の文学青年という面影はなかった。

安倍能成は親友の死にショックを受けたが、このことがきっかけとして藤村家に出入りするようになる。能成と恭子との結婚は大正元（一九一二）年一二月のことだ。

藤村胖と晴の間には操、朗、蓋、恭子の四人の子供が生まれたが、長男の藤村操は明治三六（一九〇三）年五月二二日、日光にある華厳の滝に投身自殺して有名になった。通世は藤村操の叔父として有名になるが、そのきっかけをつくったのは通世自身だった。

人々の回想から見る限り、操は堂々とした体格の、紅顔の美少年だった。なぜ、そんな青年が自殺したのか。失恋説もあり、この哲学青年の自殺は大きな波紋を呼んだ。

たらしい。

五、二　夏目漱石と藤村操

夏目漱石の心にも、藤村操の自殺は大きな波紋を引き起こした。ひどく悩んだこともあったらしい。

漱石は、藤村操と接触のあった当事者のひとりだった。那珂通世と夏目漱石には自転車好きという共通点があったが、このふたりは藤村操を通してもつながっていた。

すでに紹介した通り、イギリス留学から帰国した漱石は第一高等学校（一高）で英語の授業を受け持ち始めた（嘱託《しょくたく》、年俸七百円）。明治三六（一九〇三）年五月一三日のことだ。東京帝国大学英文学科講師（嘱託、年俸八百円）との兼任である。一高の一年生のクラスに安倍能成、中勘助、野上豊一郎、前田多門などと共に藤村操がいた。

漱石の前任者はラフカディオ・ハーン（小泉八雲）で、ユーモアあふれる授業で人気があった。対して、漱石の授業は無味乾燥で、面白みに欠けていたようだ。もっとも、これは精神状態も影響したことと推測される。イギリス留学は、漱石にとって決して心地よい体験ではなかった。しばらくは、その不快な体験をひきずったかもしれない。

漱石を招いたのは秋田県大館出身の狩野亨吉《かのうこうきち》だ。ふたりが最初に出会ったのは漱石が一高、五高で同僚になった山川信次郎の紹介である。明治二三（一八九〇）年九月、漱石は帝国大学文科大学英文科に入学するが、狩野は哲学科三年生である。当時、文科大学（後の文学部）は三学年を合わせても三〇人程度の人数で、教養科目の受講を通して二人は出会った可能性が高い（＊45）。

狩野は慶応元（一八六五）年七月二八日、大館に生まれた。明治三一（一八九八）年一月二二日、漱石の招聘《しょうへい》で熊本にある第五高等学校教授となるが、熊本ではやはり第五高等学校で教えていた漱石と毎日のように会った。この頃が二人が最も交際した時期で、同年一一月二四日第一高等学校校長に就任した狩野がイギリス留学から帰国した漱石を一高に招いた。

五月一三日、その日に漱石は生徒だった藤村操を指名している。すると、操は「やってきません」と答えた。「なぜやってこない」と問い詰めると、「やりたくないからやってこないんです」と答えたという。

漱石は「この次やってこい」と言ったが、五月二〇日の授業の際も藤村操は予習をやってこなかった。怒った漱石は「やる気がないのなら、もうこの授業には出なくてよい」と言い渡した。藤村操の自殺はその二日後である。

五月二七日の英語の授業の際、藤村操の自殺は皆知っていた。気に掛かった漱石は最前列の生徒に「藤村はどうして死んだんだ」と聞いた。生徒は「先生、心配ありません。大丈夫です」と答えたが、漱石は「心配ないことがあるものか、死んだんじゃないか」と言ったという。これは同級生だった文芸評論家・野上豊一郎の回想（＊46）だが、漱石はたびたび藤村操のことを話題にしたという。

漱石が藤村操と接触していた頃、漱石は本格的な作家活動をしていなかった。漱石の最初の小説『吾輩は猫である』は高浜虚子の勧めで書かれたが、『ホトトギス』明治三八（一九〇五）年一月号から翌年の八月号に一一回にわたって掲載された。連載の第三回が掲載された号に、寺田寅彦が亡き妻夏子を描いた小説「団栗《どんぐり》」が掲載されているが、寺田は以後も『ホトトギス』に文章を発表している。

漱石は、自分の叱責が操の自殺を引き起こしたのではないかと思い悩んだ。最初の小説『吾輩は猫である』には、

夏目漱石坪井旧居内部（熊本市）

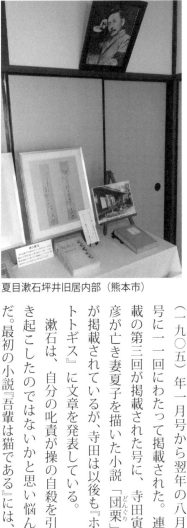

「打ちゃって置くと巌頭の吟でも書いて華厳滝から飛び込むかも知れない」とある。漱石は藤村の自殺を小説の中に挿入することで、自分の気持ちに一区切りつけたかったのかもしれない。

藤村操の自殺を漱石はかなり気にしていたと思われ、『吾輩は猫である』の次に発表された『草枕』では、「昔し巖頭の吟を遺して、五十丈の飛瀑を直下して急湍に赴いた青年がある。余の視るところにては、彼の青年は美の一字のために、捨つべからざる命を捨てたるものと思う。死そのものは洵に壮烈である、ただその死を促がすに至っては理解しがたい」と記している。

『吾輩は猫である』は猫の眼で人間社会を批評した小説だが、寒月という人物が登場する。高知出身の物理学者・寺田寅彦がモデルとされている。寅彦は漱石が第五高等学校で教えていた頃の教え子で、俳句に興味を持ち、漱石に俳句の添削を乞い、親しくなった。漱石の親友である正岡子規との縁で、寺田寅彦の俳句は『ホトトギス』や新聞『日本』に掲載されている(＊47)。

『吾輩は猫である』は好評で、漱石は以後、『坊ちゃん』『幻影の盾』と次々に小説を発表、作家として成功したため教職の道を捨て、文筆一本の生活に入る。一方、同じ帝国大学講師だった寺田寅彦は物理学研究者としての道をそのまま進んだ。

藤村操が自殺したとされる五月二二日から二週間ほど経過した六月四日の午後、谷中共葬墓地の斎場で招魂式が開催された。叔父の那珂通世や友人たちなど二百人余りが集まった。

弔辞を読んだひとり、万朝報社長黒岩涙香は、すでに紹介した通り那珂通世の手紙を掲載し、逸早く藤村操の自殺を社会に知らせた人物だが、五月二七日付の万朝報で「少年哲学者を弔す」という文を寄せている。

また、涙香は六月一三日、数寄屋橋会堂で「藤村操の死に就て」と題する演説を行なったが、その演説原稿は万朝報に掲載された。その中で、涙香は操の自殺を純粋に真理を極めた「尊敬すべき死」ととらえていて、信仰なき時代思想に殉じた「得難き節死者」と結論づけた（＊48）。

当時を代表する言論人である黒岩涙香の筆により、藤村操の死はたちまち、多くの人々の知るところとなった。藤村操は自殺により、時代の寵児《ちょうじ》ともいえる存在になった。

藤村操の自殺は報道で大きく取り上げられたこともあり、長く尾を引いた。全国各地で、この自殺が発端になり、自殺が相次いだ。

華厳の滝は「自殺の名所」として知られるようになった。明治四〇（一九〇七）年八月二五日付読売新聞には、「華厳の滝大追弔会」の記事が掲載されている。その記事によると、操の投身自殺後の四年間に一八五人が華厳の滝で自殺を図り、そのうち四〇人が自殺に至ったという。

藤村操の遺体はなかなか発見されなかった。そのため、生存を憶測させる新聞記事などが発表された。東京朝日新聞では、生き残った操から送られたとされる手紙さえ連載で掲載されている（明治四〇〈一九〇七〉年三月から四月）。

藤村操の遺体が発見されたのは七月三日のことで、投身自殺したとされる日から四〇日が経過していた。後追い自殺者を捜索している中で、偶然発見された。

通世は日光警察署から連絡を受け、親戚と共に遺体引き取りに現地に向かった。遺体はその場で棺に収められ、翌日荼毘《だび》に付された。

「巌頭の感」に感銘を受けた通世は賛同者を募り、記念碑を建てようとした。

辞世遺跡の碑建設発起人一七人の中には安倍能成らに混じって鳩山一郎、鳩山秀夫らの名前も見える。操の母・晴の東京女子師範学校の友人・鳩山春子の息子たちだ。

当初、那珂通世らは華厳の滝付近に記念碑を建てるつもりだったが、後追い自殺が続いためめに、その計画は取りやめになった。

青山霊園にある藤村家の墓には、明治四二（一九〇九）年に建てられた「巌頭の感」記念碑がある。隣には、叔父那珂通世の養父・那珂通高の墓が並んでいる。記念碑建立に挫折した通世は前年に死去しているため、この記念碑を見ることはなかった。

「巌頭の感」記念碑（東京・青山霊園）

＊註

1. 那珂通世の生涯に関しては、窪寺紘一『東洋学事始　那珂通世とその時代』（平凡社、二〇〇九年）で詳しく紹介されている。本原稿の那珂の履歴はこの本に則っている。
2. 江帾梧楼（後の那珂通高）の生涯に関しては、高野豊四郎『評伝　那珂梧楼』（私家版、二〇〇八年）で詳しく紹介されている。
3. 岩手古文書学会編『幽囚日録［那珂梧楼日記］』（国書刊行会、一九八九年）一三二頁。
4. 同前、一三二頁。
5. 同前、「幽囚日録関係人名索引」、四一頁。
6. 同前、五六頁。
7. 前掲『幽囚日録』、一七〇頁。
8. 同前、一八〇頁。
9. 同前、二一九頁。
10. 佐藤竜一『盛岡藩』（現代書館、二〇〇六年）、一八七頁。
11. 前掲『幽囚日録』、一七九頁。
12. 同前。
13. 前掲「幽囚日録関係人名索引」、一六頁。
14. 『奥羽史談』第三二号（奥羽史談会、一九六一年）、一三頁。

15. 一坂太郎『木戸孝允　「勤王の志士」の本音と建前』(山川出版社、二〇一〇年)、四九頁。
16. 前掲『幽囚日録』、一四〇頁。
17. 佐藤竜一『原敬と新渡戸稲造』(現代書館、二〇一六年)、五五頁。
18. 高橋昌郎『西村茂樹』(吉川弘文館、一九八七年)、三五頁。
19. 同前、七五頁。
20. 高田宏『言葉の海へ』(新潮社、一九七八年)、一五五頁。
21. 新渡戸稲造、加藤武子訳『幼き日の思い出』(財団法人新渡戸基金、二〇〇七年)、七〇頁。
22. 前掲『評伝　那珂梧楼』、一四二頁。
23. 同前、一四三頁。
24. 那珂通世、和田清訳『支那通史　上冊』(岩波書店、一九三八年)、三頁。
25. 森嘉兵衛『岩手近代百年史』(熊谷印刷出版部、一九七四年)、五四二頁。
26. 鳩山春子『我が自叙伝』(日本図書センター、一九九七年)、九一頁。
27. 同前、一二六頁。
28. 鹿島茂『神田神保町書肆街考』(筑摩書房、二〇一七年)、二一五頁。
29. 鳩山一郎の息子が威一郎、孫が由紀夫・邦夫の兄弟である。四代にわたり政治家を輩出した鳩山家の家系に関しては、豊田穣『英才の家系　鳩山一郎と鳩山家の人々』(講談社、一九九六年)で詳しく紹介されている。
30. 青江舜二郎『狩野亨吉の生涯』(明治書院、一九七四年)、一八九頁。

31　佐野裕二『自転車の文化史』（文一総合出版、一九八五年）、八五頁。
32　同前、一一四頁。
33　同前、一一七頁。
34　同前、一五一頁。
35　同前、一五二頁。
36　同前、一五三頁。
37　清水一嘉『自転車に乗る漱石　百年前のロンドン』（朝日新聞社、二〇〇一年）、二四八頁。
38　夏目鏡子『漱石の思ひ出』（岩波書店、二〇一六年）、一〇七頁。
39　平岩昭三『検証　藤村操　華厳の滝投身自殺事件』（不二出版、二〇〇三年）、五頁。
40　同前、六頁。
41　同前、一二頁。
42　同前、一二頁。
43　土門公記『藤村操の手紙』（下野新聞社、二〇〇二年）、一八頁。
44　同前、一二頁。
45　原武哲・石田忠彦・海老井英次共編『夏目漱石周辺人物事典』（笠間書院、二〇一四年）、五七頁。
46　同前、三〇〇頁。
47　同前、一七八頁。
48　平岩、前掲書、二七頁。

●主要参考文献

東秀樹『漱石の倫敦、ハワードのロンドン』中央公論社　一九九一
一坂太郎『史伝　吉田松陰』学研パブリッシング　二〇一〇
一坂太郎『木戸孝允「勤王の志士」の本音と建て前』山川出版社　二〇一〇
岩手古文書学会編『幽囚日録〈那珂梧楼日記〉』国書刊行会　一九八九
生方敏郎『明治大正見聞史』中央公論社　一九七八年
太田孝太郎「那珂梧楼伝」（『奥羽史談』第三十二号所収）奥羽史談会　一九六二
鹿島茂『神田神保町書肆街考』筑摩書房　二〇一七
木村幸治『原敬日記をひもとく　本懐・宰相原敬』熊谷印刷出版部　二〇〇八
窪寺紘一『東洋学事始―那珂通世とその時代』平凡社　二〇〇九
佐野裕二『自転車の文化史』文一総合出版　一九八五年
清水一嘉『自転車に乗る漱石　百年前のロンドン』朝日新聞社　二〇〇一
高田宏『言葉の海へ』新潮社　一九八四
高野豊四郎『評伝　那珂梧楼』私家版　二〇〇八
高橋昌郎『西村茂樹』吉川弘文館　二〇一〇
土門公記『藤村操の手紙』下野新聞社　二〇〇二
豊田穣『英才の家系　鳩山一郎と鳩山家の人々』講談社　一九九六

那珂通世「奥州転輪記」（『自転車』第九号所収）　快進社　一九〇一
那珂通義「那珂通高、通世父子の幕末・戊辰戦争そして明治」（『北方風土』第七十号所収）
　イズミヤ印刷　二〇一一
鳩山春子『鳩山春子「我が自叙伝」』　日本図書センター　一九九七
原奎一郎・山本四郎編『原敬をめぐる人びと』　日本放送出版協会　一九八一
原武哲・石田忠彦・海老井英次編『夏目漱石周辺人物事典』　笠間書院　二〇一四
平岩昭三『検証藤村操』　不二出版　二〇〇三
松尾正人『木戸孝允』　吉川弘文館　二〇〇七
三宅米吉『文学博士那珂通世君傳』　文学博士三宅米吉著述集刊行会　一九二九
森嘉兵衛『岩手近代百年史』　熊谷印刷出版部　一九六七
柳田國男『明治大正史世相篇（上）（下）』　講談社　一九九三
吉田義昭・及川和哉編著『図説　盛岡四百年　下巻〔Ⅰ〕』　郷土文化研究会　一九九一
『輪友』第五号　輪友社　一九〇二

内藤湖南と那珂通世

はじめに

東洋史の先駆者として知られる那珂通世は明治二三（一八九〇）年、四年の月日を費やして『支那通史』を発刊した。この本の刊行は歴史家としての地歩を固める役割を果たした。その後、通世は東京高等師範学校教授、東京大学講師に就任した。

だが、その内容に不満が残った。元代の歴史書が杜撰《ずさん》なために、記述がその前の宋代でストップしてしまっていたからだ。中国の歴史書としてはまだ不十分、という意識が残った。

そんな折、元代の的確な史書を入手し、東洋史学の第一人者の地位を確立するチャンスが巡ってきた。そのきっかけを作ったのが、同じ盛岡藩出身の内藤湖南だった。湖南は京都帝大における東洋史の開祖と目され、中国史の時代区分に関し、宋代から近世が始まるという説を初めて唱えた人だ（＊1）。

二人は盛岡藩出身で、東洋史と戊辰戦争に対する大きな関心という共通点があった。本稿では主に内藤湖南の生涯を追いながら、東洋史、戊辰戦争に焦点を絞って紹介する（＊2）。

第一節　東洋史をめぐって

内藤湖南と吉田松陰

内藤湖南《こなん》は慶応二（一八六六）年八月二七日（西暦、旧暦では七月一八日）、現在の秋田県鹿角市毛馬内に生まれた。毛馬内はアイヌ語で「湿地」を意味し、大昔、一帯は湖だった（＊3）。明治維新の二年前のことで、当時、鹿角周辺は盛岡藩に属していた。

儒者内藤調一（号は十湾《じゅうわん》）の二男として生まれたが、十湾は那珂通世の養父・梧楼（明治二年、通高と改名）の教え子である。一三歳年上の文蔵、八歳年上の貞子の次に生まれた男子だった。

内藤家は代々盛岡藩の重臣・桜庭《さくらば》家に仕えており、その家格は高く、学者を輩出する家

内藤湖南（出典：国立国会図書館「近代日本人の肖像」）

柄だった。名を虎次郎といった湖南だが、この号は十和田湖に由来する。湖南の長男・乾吉によると、明治二五（一八九二）年発行の『亜細亜《あじあ》』第三〇号に初めて「湖南」の名が登場するという（＊4）。トラ年に生まれたから名づけられたが、父の調一は大の吉田松陰ファンで、吉田松陰の名である寅次郎にちなんだともいわれる（＊5）。

吉田松陰は那珂梧楼（通高）の縁で東北へ旅しており、嘉永三年に青森に行った折、小《こ》繋《つなぎ》から大館を経て白沢に泊まっている。この時、調一は松陰の姿を見ているか、あるいは親しく接触した人から松陰の人となりを詳しく聞いたものと推測される。

湖南は幼い頃から聡明で、明治一六（一八八三）年に秋田師範学校中等師範科を受験した際は首席で合格している。

秋田師範学校高等師範科を卒業後、一時、秋田県下北秋田郡の綴子《つづれこ》小学校で首席訓導を務めた。名目は訓導だが、実質的な責任者で月給は一〇円だった。秋田師範学校を首席で卒業した湖南は秋田市での勤務を望んだが、旧盛岡藩出身の湖南は冷遇されたためそれはかなわなかったのではないか、と青江舜二郎は書いている（＊6）。似たような話を私は鹿角の人々に聞いたことがある。秋田県で、秋田藩系が旧盛岡藩系に比べ優遇されることは確かにあったかもしれない。

明治維新後、旧盛岡藩領の鹿角郡は秋田県に編入された。小坂、毛馬内、尾去沢、花輪など一〇カ町村で人口は一〇万足らずしかなかった。

とはいえ、綴子小学校での日々は不快ではなかった。二十代の若い校長高橋武三郎がとても大切にしてくれたことも影響した。

上京し、ジャーナリズムの世界で活躍

綴子小学校にいた頃、湖南は東京高師の試験を受けたが、合格しなかった。それでも湖南は自由な雰囲気を求め、明治二〇（一八八七）年八月、綴子小学校を退職して上京し、ジャーナリズムの世界に入った。

通世と湖南の父・十湾は通高の相弟子で、その関係もあり、ふたりは若い頃に出会ったと推測される。年齢は通世の方が湖南より一五歳年長である。那珂通世の評伝を執筆した

窪寺紘一は、十湾が幼い湖南を連れて盛岡城下に来たときか、通世が所用で毛馬内を訪れた際に顔を合わせた可能性を指摘する（＊7）。ジャーナリストとして成長していく湖南と通世は後年次第に親密な関係になった。

湖南は大内青巒《せいらん》主宰の仏教雑誌『明教新誌』、政教社発行の『日本人』『亜細亜』などの編集者を経て、明治二七（一八九四）年七月大阪朝日新聞社に入社している。仙台藩士の子として生まれた大内は出家した父の影響で仏教に傾倒した。明治時代初期の廃仏毀釈《きしやく》などにより衰滅の状況にあった仏教を再興するため布教啓蒙活動を実践した（＊8）。なお、湖南は秋田師範時代に知り合った関藤成緒《せきとうなるお》の世話で『明教新誌』編集の仕事に就いている（＊9）。

この時期、湖南は中国の文化や時局に関し、多くの文章を書いた。三宅雪嶺や志賀重昂《しげたか》といった当時を代表する言論人に湖南は文才を認められ、同じ秋田出身で政府の情報機関である官報局に勤めながら国粋運動に邁進していた高橋健三と親しくなった（＊10）。そうした庇護《ひご》者や先輩たちとの一種の学問的共同体での研鑽が、後年湖南が当代随一の中国学者と目される素地となったといってよいだろう（＊11）。

明治二九（一八九六）年八月、湖南は田口郁子と結婚した。郁子は湖南と同じ毛馬内出身で、父多作は若い頃盛岡で、那珂梧楼に学んだ。湖南の父である調一とは学者仲間だった(＊12)。

湖南は高橋健三に誘われて大阪朝日新聞に入社したが、同年九月一八日、第二次伊藤博文内閣が倒れて松方・大隈内閣が成立するや、高橋健三は請われて内閣書記官長に就任した。湖南は政策秘書に近い身分で内閣の施政方針演説の草稿を書かされたが、湖南が起草した草稿は閣僚たちにより無残に改竄《かいざん》され、意味不明なものとなった。高橋が大阪朝日新聞社をやめたことに端を発し、湖南も大阪朝日新聞を退社した。この時期の湖南は高橋の進退に影響されている(＊13)。なお、湖南は明治三三（一九〇〇）年八月、再び大阪朝日新聞社に迎えられ、論説記者となっている。

明治三〇（一八九七）年四月、湖南は『台湾新報』に主筆として入社するため、台湾に渡った。新婚まもない一人での台湾暮らしは長く続かず、半年ほどで日本に戻った。その間、湖南は台湾総督の児玉源太郎や後藤新平と知り合う。帰国後まもなく、湖南は黒岩涙香が主宰する『万朝報』に主筆として迎えられた。

明治三二（一八九九）年三月一二日、湖南の小石川にあった家が火災に遭い、蔵書が焼失した。湖南はこのことがきっかけとなり、「以後雑学を改めて中国問題研究を主とする」

ようになったという（＊14）。湖南を中国研究に専念させるようになったのは、明治二七（一八九四）年に起こった日清戦争に触発されたからだ、という見方もある（＊15）。明治三二（一八九九）年八月末『万朝報』記者として初めて中国に渡り、一二月にかけて気鋭の学者や文化人と交流した。その時に出会ったのが文延式《ぶんえんしき》である。

文延式の日本への亡命

文延式は一八五六年中国江西省生まれで、湖南より一〇歳年長、一八五一年生まれの通世より五歳若い。字は芸閣である。才知に優れ、光緒一六（一八九〇）年の進士に殿試《でんし》一甲第二名で及第した。当時は科挙がまだ行なわれており、合格すると栄達が約束された。当時の清は、政治を改革しようとする光緒帝《こうしょてい》や康有為《こうゆうい》らの派閥と、それを阻止しようとする西太后一派との争いが激化していた。文延式は改革派に属したが、争いのあおりを受け、光緒二二（一八九六）年に罷免された。

争いはその後さらにひどくなり、光緒二四（一八九八）年には政変が起こり、改革派は失脚した。文延式はさらに窮地に追い込まれたが、その最中たまたま中国に来ていた湖南と出会った。接近してきたのは文延式で、『万朝報』の論説記者をしていた湖南をわざわざ訪ねてきたらしい（＊16）。

光緒二六（一九〇〇）年一月、文廷式は日本に亡命した。頼りにしたのは湖南で、多くの学者や文化人と接触した。文廷式の学問は深遠で、湖南の中国研究に大きな影響を与えた。湖南は中国旅行記『燕山楚水』を一九〇〇年に刊行するが、文廷式の詩を巻頭に掲載し、「文芸閣の詩は今春其の東京に来り遊べる時酬贈せる者其の交り遊中に始まり且つ最も心を傾けし所なるを以て影摸して題字に代ふ」と記している。

『燕山楚水』は湖南が初めて中国を旅した記録で、湖南はダーウィンの進化論を翻訳した（『天演論』）厳復《げんぷく》と天津で会い翻訳書をもらっている（＊17）。

文廷式と那珂通世

文廷式は一九〇〇年一月から四月まで日本に滞在した。

二月一七日には、那珂通世とも会っている。

湖南の発案と推測されるが、この日、通世の家で文廷式と通世、湖南、白鳥庫吉《くらきち》、桑原隲蔵《じつぞう》の五人が歓談したのだ（＊18）。皆、当時を代表する東洋史学者である。

通世は高等師範学校教授にして、東京帝大講師を兼ねていた。白鳥庫吉は学習院教授、桑原隲蔵は高等師範学校教授だった。

通世の『支那通史』は漢文で書かれたが、中国でも紹介されたことがあり、文延式は読んでいたかもしれない。この日は当然、東洋史が話題になった。文延式が蒙古《もうこ》文で書かれ『元朝秘史』を話題にすると、皆関心を寄せた。

中でも通世と湖南は、熱心に抄本の寄贈を頼んだ。

中国に帰国した文延式は約束を守った。翌年、湖南の元に秘本が贈られてきた。湖南からその写しが通世に送られてきた。湖南は中国に三部しかなかった蒙古文のうちの一部を奉天で写して、通世に送った。

『成吉思汗実録』

『支那通史』を執筆することで東洋史研究の道を歩んだ通世だったが、その記述は元代の前でストップしていた。元代の資料が著しく少なかったために、執筆を進められなかった。

そんな通世に救いの手を差し伸べたのが、湖南だった。湖南のおかげで、通世は新たな目標に邁進した。蒙古文『元朝秘史』の翻訳である。蒙古文『元朝秘史』は正集十巻、続集二巻で構成されている。「元朝秘史」自体が意訳である。

とはいえ、那珂通世の労苦は並大抵ではなかった。まず原本を正確に翻訳するためには、蒙古語や満州語に精通する必要がある。当時蒙古語や満州語の辞書はなく、通世は蒙古語や満州語の習得から始めなければならなかった。

学習は困難を極めたが、四年の歳月を費やして翻訳は完成した。

その仕事が終わりに近づいた頃、通世は奉天にいた湖南に、蒙古語を修得し翻訳する苦労を手紙で伝えている。二人は心が通じ合っていた。二人とも盛岡藩出身者だという連帯感が、二人にはあったのかもしれない。

手紙の中で触れられているように、文延式は一九〇四年、四九歳で世を去っていた。

この本が『成吉思汗《ジンギスカン》実録』として出版されたのは明治四一（一九〇八）年一月のことで、通世が亡くなる二月前のことだ。

通世にとってはまさにライフワークの完成で、『成吉思汗実録』の刊行は東洋史学者としての地位を不動のものにした。

湖南は「那珂博士の『成吉思汗実録』」という文章で、「今やわが文学博士那珂通世君により て、『成吉思汗実録』の名をもってわが国語に訳せられ、加うるに精細なる研究の結果として、きわめて重要なる種々の考証を加えられたるは、じつに快心の挙にして、また東洋史学において光ありというべし(＊19)」と称賛した。

なお、蒙古語・蒙古史の研究者小林高四郎は、「最も早く、そして今日なおすぐれた訳註として那珂通世博士の『成吉思汗実録』(初版明治四〇年、再版昭和一八年)がある」と評価している(＊20)。通世の『成吉思汗実録』の刊行は、後身の研究者のいしずえとなった。

江帾家と田口家の系図調べ

亡くなる一年ほど前、通世は養父通高のルーツを詳細に調べようとした。

明治四〇(一九〇七)年二月九日、鹿角市毛馬内在住の勝又吉平氏(旧姓田口)に、次の手紙が送られた。

拝啓未だ拝顔候得共、僕は御先考多作君の学友にして、又妹婿内藤虎次郎君とは最も親友に有之、君の御母君(ヒデ)にも婁々御目にかかり、且拙宅に御出被下し事も有之候故、君の御噂も毎々承り居候。

扨田口家は我が那珂氏江帾氏と頗る関係有之、此度那珂氏の系図を取調候ニ付、貴君に伺度事生じ申候(＊21)。

文中に「御先考多作君の学友にして、又妹婿内藤虎次郎君とは最も親友に有之」とあるように、勝又吉平の父・田口多作とは盛岡藩校作人館で共に学んだ仲である。また、内藤虎次郎とは内藤湖南のことだ。

通世の養父・通高の父、道俊は元々、田口竜治であり、大館の江帾《えばた》家に養子に入った人だった。

医業を本業としたが流行らず、妻子を連れ毛馬内に戻り、その後、盛岡城下で医業を開業した。水戸で一年間修業したことで腕を磨き、南部利済の御側《おそば》医となった。

田口多作は若くして亡くなったが、妻ヒデは太郎、吉平、郁子の三人の子供を連れて上京し、やはり東京で暮らしていた那珂通世の一家とは親しく交際を続けた。その郁子と結婚したのが湖南である。

同じ東洋史研究の道を歩んだ那珂通世と内藤湖南とは、強固な絆で結ばれていた。賊藩とされた盛岡藩の家系に生まれた二人はその汚名を学問の世界で晴らした。

通世の胸の内には、ライフワークをやり遂げたという安堵《あんど》の気持ちが芽生えたに違いない。その気持ちが自身のルーツへの関心を呼び起こしたと推測される。

五八歳で死す

明治四一（一九〇八）年三月一日、通世は胸が痛くなり早く床に就いたが、やがて激痛に襲われ、そのまま生涯を終えた。五八歳だった。

盛岡藩校作人館の時代から交流があった原敬は若い頃から日記をつけていたが、三月七日の日記に次のように記した。

那珂通高の養子通世卒中にて死去、本日葬式に付、風雪を冒して青山に会葬し、且つ家計も裕かならざると云に付、梧楼先生の旧誼を思ひ五十円の香典を送りたり。

既に二年前の一〇月、妻の貞子は亡くなっていた。長女の美世子、二女永世子、三女千代子も亡くしていた。わずかに生き残ったのは長男の又世と二男の高世で、家庭的に幸福といえない生涯だった。

生活が楽ではないと伝え聞いた原が、残った家族に援助の手を差し伸べた。

那珂通世は養父通高、甥藤村操などと共に青山霊園に眠っている。

第二節　戊辰戦争をめぐって

京都学派

内藤湖南は京都帝国大学で教鞭を執り、東洋史学に大きな金字塔を打ち立てた。京都帝国大学が設置されたのは明治三〇（一八九七）年六月だった。当初は、理科大学、法科大学、医科大学のみで、文科大学が設置されたのは明治三九（一九〇六）年六月になってからだ。

同年七月五日、秋田県大館出身の狩野亨吉が京都帝国大学文科大学教授に就任し、同時に文科大学長を兼ねた。湖南は同郷の狩野の推薦により京都帝国大学で教えることになった。

湖南の父十湾《じゅうわん》（調一）と亨吉の父良知《りょうち》とは学者仲間だった。亨吉が第一高等学校（一高）校長をしていた頃、湖南は大阪朝日新聞で活躍していて、亨吉は一高に招請しようとしたが、大阪朝日が、看板記者である湖南を手放したがらなかった。湖南の待遇を良くし、中国旅行をさせることで湖南を引き留めた。亨吉はあきらめず、再度の招請を行なった。今度は大阪朝日は引き留めることができなかった。

湖南は初代文科大学長で大館出身の狩野亨吉の勧めで、明治四〇（一九〇七）年初めに京都に転居した。京都帝国大学文科大学史学科が設置された。湖南はそこで二年間の講師生活の後、明治四二（一九〇九）年九月一〇日付で教授に就任し東洋史学講座を担当した。湖南の学風は雑誌編集者、新聞記者などの体験を経て得たリアリズムに基づいていて、最初から学者だった人々とは異なり、豊かな現実感覚と広い視野に支えられていた（＊22）。

狩野亨吉の父良知は江戸の昌平黌《しょうへいこう》（＝昌平坂学問所）に学んだ学者で、狩野家は代々秋田藩に勤めた重臣だった。良知は明治維新後しばらく秋田の藩校明徳館で教授を務めたが、明治九年（あるいは七年）、東京に出て内務省の役人になった。東京に住むようになった亨吉は大学予備門から東京大学理学部（後に帝国大学理科大学に改称）に進み、それから文科大学哲学科で哲学を学んだ。夏目漱石とはその過程で知り合った（＊23）。

漱石を第一高等学校に呼んだのも狩野亨吉であり、漱石は朝日新聞で小説記者として働いたので、その点でも湖南と共通点があった。

湖南は昭和九（一九三四）年六月二六日、病のため六八歳で亡くなった。学者としてのみならず、教育者としても非凡な才能を持っていた湖南は吉川幸次郎、宮崎市定《いちさだ》、三田村泰助ら優秀な東洋史学者を育て上げた。京都帝国大学は、東洋史研究に於いて異彩を放った。

中国の作家・郭沫若《かくまつじゃく》は、その自由な研究風土を評して「京都学派」と読んだ。その中心が内藤湖南だった。

鹿角と戊辰戦争

内藤湖南が生まれた鹿角は戊辰戦争と縁が深い土地だ。もともと盛岡藩に属していたが、現在は秋田県に組み込まれている。

戊辰戦争の際、盛岡藩は秋田藩に攻め込んだが、鹿角は戦場となった。鹿角は秋田戦争の前線基地、兵站《へいたん》基地となった。鹿角口の戦いである。当初秋田戦争は盛岡藩が優位に展開したが、次第に秋田藩応援のために駆け付けた肥前鍋島藩・小城《おぎ》藩などの加勢により、盛岡藩は後退を重ねた。

慶応四（一八六八）年一月三日に始まった戊辰戦争だが、九月一九日には元号が明治に代わった。その翌日、盛岡から藩主直筆の停戦指令書を持った急使が到着し、新政府軍の鹿角突入の一歩手前で戦闘は中止された。盛岡藩が降伏するのは九月二五日のことだ。

それでも、四十日の戦いで盛岡藩側の死者は百名を超えたという。多くの農民やマタギが周辺の村から徴集され、盛岡藩の戦死者名簿には農民一三人、マタギ七人の名があるという（＊24）。

明治二（一八六九）年、鹿角郡は新たに設けられた盛岡県に編入されたが、幾度かの変転を経て明治四年（一八七一）一一月、初めて秋田県に編入された。鹿角の人々にとっては、戊辰戦争で戦った相手の中に、賊名を背負っての編入である。鹿角の人々に動揺が広がった。

なぜ、鹿角が岩手県ではなく、秋田県に編入されたのか。安村二郎は、戊辰戦争後の新政府が切実な財政事情に迫られていた現実を考える必要がある、としている（＊25）。

明治二（一八六九）年一一月、新政府は鹿角郡の小坂銀山の官営を決定、官営予定の尾去沢銅山調査を含め、鉱山司鉱山権正大島高任を鹿角に派遣した。大島は旧盛岡藩士で、水戸に反射炉を築き、釜石に

小坂鉱山の福利厚生施設として誕生した康楽館（1910 年建立、秋田県小坂町）

製鉄高炉を作った当代随一の鉱業技術者である。

大島は翌年小坂に溶鉱炉を完成させ、尾去沢に関しての詳細な見込み書を作成した。

一方、当時鹿角を管轄した江刺県の大参事国分義胤は、政府の白石按察使府に対し、「鹿角郡は、北方無比の天恵の地、その上納もの（税）拾万石に相当すると聞き及ぶ。漫然と朝敵の盛岡藩に委任し置けば、広大な利益を朝廷の御為とはなし難い」とする意見書を提出している。鹿角の鉱山を官営に移し、脆弱な国家財政の強化するために、官軍藩編入の必要なことを強く主張する内容だった（＊26）。

そうした主張があったためか、明治四（一八七一）年に十輪田銀山が官営になり、六（一八七三）年には真金山・大葛両金山が官営になった。

長去沢銅山と鍵屋

さらに、尾去沢銅山も没収されることになった。盛岡藩主が白石から盛岡へ復帰する代償として政府から金七〇万両の献納が求められたが、盛岡藩主はその資金を調達するためイギリスの商人オールトから外債を借り入れたが、結果的に尾去沢銅山の経営者で盛岡藩の御用商人だった鍵屋の村井茂兵衛に一切の債務を肩代わりさせた。村井は破産し、明治五（一八七二）年三月尾去沢銅山は大蔵省に没収された。

長去沢ではもともと金が採れた。盛岡藩のいしずえを築いた南部信直が豊臣秀吉から所領を安堵された一六世紀後半、長去沢で金山が発見された。

鍵屋が盛岡藩の御用商人になった歴史は古い。「鍵屋茂兵衛系譜略」によれば、寛延二（一七四九）年、盛岡城下紺屋町に店を構え、屋号を「鍵屋」とし商名を「茂右ヱ門」とした。当時から呉服太物・古手問屋を本業として明治時代に至っている（＊27）。

吉田松陰が東北に旅した時、四代目鍵屋茂兵衛に会っている。四代目鍵屋茂兵衛、すなわち村井京助は南部利義に肩入れしたことがもとで一時「不調法至極」とされたが、盛岡藩の財政立て直しに不可欠な人物と目され、慶応三（一八六七）年、復権を果たしていた（＊28）。

やがて、戊辰戦争で盛岡藩が敗れた際、鎮撫総督府軍の接待費として七〇万両のお手伝い料などを納めるよう盛岡藩家老に復帰した東中務《ひがしなかつかさ》は村井京助に強要し、その代りとして長去沢銅山の採掘権を譲渡した。

ところが、盛岡藩が二〇万石から一三万石に減らされて白石に転封されることになり、反対運動が起こった結果、盛岡への復帰はかなったが、その七〇万両も鍵屋に押し付けられることになり、鍵屋は尾去沢銅山の採掘権を手放したあげく、破産した。

この事件は大蔵省で実権を握っていた井上馨《かおる》が陰で糸を引いていて、財政基盤が弱い明治新政府にとって、尾去沢鉱山は重要な金脈だったと推測される。そのことは盛岡藩領だった鹿角郡が岩手県ではなく、秋田県に編入されたことと大きな関係があると推測される。

なお、村井京助亡き後、村井家では、明治二七（一八九四）年五月二四日、第六回帝国議会に「尾去沢銅山不当処分に関する請願書」を提出するなど請願を繰り返したが、銅山の採掘権は戻らなかった。村井家では政治家として出世街道を邁進《まいしん》していた原敬にも何度も請願書を届けたが、原からの返書はなかった。原の「この一件聞き届け難し」の付箋付きでその請願書は盛岡市先人記念館に収蔵されている（＊29）。二七歳の若き外交官原を天津領事に抜擢したのは井上馨である。出世の糸口を作ってくれた恩人の井上馨の闇を暴《あば》くことは、原にはできなかったに違いない。

そうした土地柄＝鹿角に生まれた内藤湖南は当然、戊辰戦争への関心を生涯持ち続けることになったのである。

内藤調一（十湾）の『出陣日記』

湖南の父・調一自身、戊辰戦争に従軍しており、従軍記録『出陣日記』を遺している。

その大意は、こうである（＊30）。

慶応四年七月二二日戌の刻（午前七時から九時の間）急ぎ登館せよとの使があり、館に入る。先刻盛岡邸より使者あり、急ぎ盛岡へ集合すべしとのこと。さてはこの春以来朝敵の所業あった会津・庄内を討つべしと南部侯にも勅命あり、これまで態度を決めかねていた盛岡藩もいよいよ会津を討つことに決め、わが桜庭隊もその戦陣へ赴くのは誠に心床しい事と感じた。翌日は俄かな旅立の用意、二四日暁家族と首途の盃を交し永訣の涙を拭い出発す。二五日夕刻、桜庭邸に到着し聴くところわが予想に異り奥州一致して秋田を討つ策なりという。秋田はたとえ奥羽の盟に背きたりとも勤王の人、九条殿以下三卿彼国に滞在なりこれを討つは朝廷に抗するに同じ、噫わが故国の存亡に関わる事態にも、卑賎の身では心の丈も尽されず憾みの残るのみと独り言し、あきれつつこの夜は一瞬の眠りもできなかった――。

調一が秋田藩に同情的であったことがうかがえる。盛岡藩士の心中もさまざまだったのだ。湖南は若い頃から尊王派だった調一が賊軍の生き残りとしてのこだわりを抱えながら、余生を生きたとしている。戊辰戦争の二三年後、慰霊祭が鹿角で行なわれ、そのようすを調一は手紙で知らせてきたが、湖南は「大人の祭文にて人皆落涙せりとは極めて高尚厳粛なる出来事にて家伝に特筆すべきもの也」と返事をしている(＊31)。戊辰戦争への湖南のこだわりを感じ取れる。

戊辰戦争に従軍したのは調一だけではなかった。叔父近内一人《かずと》もそうである。俳諧を好み、剣術の達人だった近内は盛岡藩の藩論が佐幕へと決した際に自刃した。調一は本来武功を建てるべき人が「犬死にしたる」ことが口惜しいとたびたび述懐したという。

また、調一の親しい友人の熊谷直興も戊辰戦争で戦死した。明治一三、四年頃熊谷の手稿が発見されたが、調一の命でその原稿を写し取った湖南は「少時なれど、為めに感涙を催したりき」と記した。

楢山佐渡と奈良養斎

湖南はことあるごとに、調一から、戊辰戦争後責任を一身にかぶって亡くなった楢山佐渡《さど》のことを伝え聞いていたという。

佐渡は盛岡藩の藩論を佐幕にまとめ、秋田藩との戦争に自らが乗り込んだが、新政府軍に敗れた。湖南は佐渡を「故国に在て近世の偉人」と認めている。佐渡の名誉回復がなされたのは、明治憲法発布による大赦によってであり、家督再興が許された。その際、旧盛岡藩の人々によって聖寿禅寺境内に慰霊碑が建てられたが、湖南は慰霊碑の刻銘「楢山佐渡之碑」全文を採録・公表している（＊32）。

一方、湖南は佐渡の方針に反対した奈良養斎に関しても記している。勤王派といえば目時隆之進や中島源蔵が有名で、奈良養斎は無名である。奈良は大坂藩邸で財政改革に当たっていた人物で、天下の形勢に通じていた。「将軍家己に頼むべからず、（中略）時勢艱難且つ邊陲に在るも策を建てゝ決行せば、古楠氏に譲らざる道なきにあらず」と持論を唱え、藩論を勤王にすべく努力したが、容れられなかった（＊33）。楢山佐渡が戦争で敗れ、その見識が認められたが、明治五（一八七二）年一二月六日盛岡で没した。

寸陰館出張所

藩政時代に盛岡藩領だった鹿角郡は維新後、明治二（一八六九）年から同四（一八七一）年までの二年間、江刺県の管内に属した。江刺郡の県庁は遠野にあったので、遠隔地の鹿角郡花輪に江刺県分局が設置され、飛び地である鹿角・二戸・九戸三郡の行政を司った。

江刺県の治下において、遠野郷学信成堂が江刺県学校「寸陰館」として再興され、福岡と花輪に寸陰館の出張所が置かれた。
花輪の寸陰館分館は花輪仲小路にある佐藤新之助宅が使用されたが、教員は一等教員として泉沢恭助と小田島徳彌、二等教員として内藤調一、奈良駒治、川村左学が発令されている。かつて作人館で那珂通高らに学んだ湖南の父調一は明治維新後、教員として働きはじめた（＊34）。

戊辰戦争への言及

湖南は大正一一（一九二二）年、「維新史の資料に就て」という文章を『日本文化史研究』に書いている。その書き出しはこうだ。

いづれの世でも革命の際は必ず陰謀がこれに伴ふ。従つてこれに関する記録も当時の陰謀から出た結果の記録であつて信用し難いものであることは、古来屡々《しばしば》見る所である（＊35）。

そして、今日の維新史は「最初藩閥思想の最も強かつた井上侯が主宰して居り、その委員と称する人物は多く維新以後の藩閥方であるところから見ると、果して勝利者に便宜な方法で作られて居ないといふことを断言し得るかどうかと思ふ」と疑問を呈している。長州出身の井上馨が主宰する維新史は明治政府側に偏っていて公平ではないと文部省編纂の維新史を批判するのである（＊36）。

元治元（一八六四）年の禁門の変の際、長州藩は朝敵とされたが、後に名誉が回復され「贈位の恩典に浴して居る」。これは「維新の際勝利者が便宜の為めにした一時の処置」でとがめる必要はないが、「維新の時に薩長に反対して戦死し、若しくは敗北の責を負うて死を賜つたものなどは、贈位の恩典に浴して居ない」。維新から五〇年も経過したのに、「当時の騒乱を皆単に意見の相違で、勝つたものも負けたものも朝廷に対して叛乱を企てる意思がなかつたといふことが明白になつた以上は、其の薩長であると反薩長であるとを問はず同一の待遇を与へるべきであると思ふ」と不公平を糾している（＊37）。

さらに、「維新史料編纂局は開設以来其の成績を公表したこともなければ、如何なることをして居るかを世間に知らしめたこともない」のは政府の機関として「実に怠慢の至り」とまで言い切っている（＊38）。維新史料編纂局は明治四四（一九一一）年文部省の内に事務所を置いて設立された団体である。

湖南は維新史料編纂局に「努めて反薩長派の材料をも蒐集して、公平な態度を執らなければならぬと思ふ」と迫った(＊39)。文部省は東京帝大の牙城である。そうした指摘は京都帝大に在籍した湖南ならではだった(＊40)。

また、湖南は会津藩出身の山川浩が明治四四(一九一一)年に編纂した『京都守護職始末』を高く評価した。賊藩とされた会津藩だが、孝明天皇の高い信頼を得ていたのは明らかであるとし、「山川浩氏の一記述が出づるに至つて初めて真相が顕はれたのである」と記したのである。

大正一一(一九二二)年に書かれたこの文章は、当時としてはきわめて勇気のある発言だったに違いない。湖南の文章が書かれてから、百年近くが経過した。残念ながら、公平な維新史が浸透したかといえば、そうはいえない。近年徐々に戊辰戦争の読み直しが進んでいるが、まだ十分とはいえない。湖南の指摘は今も示唆に富んでいる。

鹿角にある戊辰戦争殉難者の招魂碑と那珂通世

戊辰戦争の敗北はその責任を問われた江幡梧楼(那珂通高)や養子である那珂通世に影

と落とすことになる。

旧盛岡藩領だった現鹿角市や鹿角郡は秋田戦争での盛岡藩の拠点となったが、明治四（一八七一）年秋田県に編入されている。本来なら岩手県に編入されるべき地域だが、盛岡藩が戊辰戦争で敗れたこともあり、分割された。要因としては、当時有名な尾去沢鉱山をめぐる利権もある。

戊辰戦争の死者は長く顕彰されなかった。大正六（一九一七）年九月、原敬が「旧盛岡藩殉難者五十年祭」を盛岡で盛大に開催し、戦死者はやっと顕彰された。

翌年九月、原敬は東北で初めての内閣総理大臣に就任し、賊藩の汚名を晴らした。旧盛岡藩出身者は快哉《かいさい》を叫んだが、鹿角周辺に住む人々は表立って喜べなかったに違いない。

鹿角市内の公園には、戊辰戦争殉難者の招魂碑が建てられている。

その碑文は「ことに我が鹿角郡はひとり秋田県に編入となり、旧藩地とは疎隔して憂いを慰むる友もなく、昨日の敵の手を握り、旧君臣の情交もここにほとんど絶え果て、死者の孤忠も遺骸と共に空しく地下に朽ち、遂には人に知られず野末の露と消え行くの悲境にこそは陥りける」とある悲痛な文章で、後段で「死後もまた栄誉を受けることなき農猟卒歩の死者に対せばもっとも嘆かわしき次第にして」と、地元出身であった下級武士に対し特に哀悼の意を表している(＊41)。

和井内和夫によれば、碑文の内容に関し「後日当時敵国たりし士民の縦覧者多かるべきにより、万一にも事実を誤ることあらば、憂いを後世に残すおそれあり」として、盛岡藩出身の碩学《せきがく》（修めた学問の広く深い人）で鹿角と縁が深い那珂通世に「草稿の検閲」を依頼したという(＊42)。

依頼を引き受けた通世は、自身が賊藩出身者だと改めて認識したに違いない。その出自は通世が学問に精進する原動力となった。

那珂通世と内藤湖南は共に東洋史に新しい地平を築いた。学問への没頭により、戊辰戦争敗北の屈辱を晴らしたのだ。

＊註

1．礪波護「東洋文化史家の内藤湖南」（内藤湖南『東洋文化史』所収、中央公論社）、一頁。

2．内藤湖南の生涯に関しては、主に青江舜二郎『竜の星座　内藤湖南のアジア的生涯』（中央公論社、一九八〇年）に沿って紹介する。

3．同、二六二頁。
4．同、八三頁。
5．窪寺紘一『東洋学事始―那珂通世とその時代』（平凡社、二〇〇九年）四七頁。
6．前掲『竜の星座　内藤湖南のアジア的生涯』、五七頁。
7．前掲『東洋学事始―那珂通世とその時代』、四七頁。
8．高木智見『内藤湖南　近代人文学の原点』（筑摩書房、二〇一六年）、五〇頁。
9．前掲「東洋文化史家の内藤湖南」、五頁。
10．粕谷一希『内藤湖南への旅』（藤原書店、二〇一一年）、二一頁。
11．前掲『内藤湖南　近代人文学の原点』、四九頁。
12．前掲『竜の星座　内藤湖南のアジア的生涯』、一一八頁。
13．同、一一三頁。
14．鹿角市先人記念顕彰館編『写真で見る内藤湖南の生涯』（鹿角市先人顕彰館、一九九六年）
15．前掲『内藤湖南　近代人文学の原点』、六六頁。
16．杉村邦彦「内藤湖南と文廷式」（内藤湖南先生顕彰会『湖南』第八号、一九八八年）、二四頁。
17．前掲『内藤湖南への旅』、五五頁。
18．前掲、二四頁。
19．前掲「東洋文化史」、三一〇頁。
20．小林高四郎『ジンギスカン』（岩波書店、一九六〇年）、三頁。

21. 奈良寿「湖南と通世」（内藤湖南先生顕彰会『湖南』第四号、一九八三年）、三九頁。
22. 前掲『内藤湖南への旅』、一二三頁。
23. 原武哲ほか編『夏目漱石周辺人物事典』（笠間書院、二〇一四年）、五七頁。
24. 安村二郎『ふるさと鹿角』（鹿角市文化財保護協会、二〇一〇年）、三七頁。
25. 同、三九頁。
26. 同。
27. 葉治英哉『夢とのみ―鍵屋村井茂兵衛覚書』（国書刊行会、二〇〇六年）、一九頁。
28. 同、二九頁。
29. 同、三六六頁。
30. 前掲『ふるさと鹿角』、一二七頁。
31. 内藤虎次郎『内藤湖南全集　第一四巻』（筑摩書房、一九七六年）、三八二頁。
32. 内藤虎次郎『内藤湖南全集　第一巻』（筑摩書房、一九七〇年）、六〇〇頁。
33. 同、六〇〇頁。
34. 長岡高人『盛岡藩校　作人館物語』（熊谷印刷出版部、一九八〇年）、二〇八頁。
35. 内藤虎次郎『内藤湖南全集　第九巻』（筑摩書房、一九六七年）、一五八頁。
36. 同、一五九頁。
37. 同。
38. 同、一六一頁。

39. 同、一六三頁。
40. 星亮一『明治を支えた「賊軍」の男たち』(講談社、二〇一〇年)、一四二頁。
41. 和井内和夫『盛岡藩の戊辰戦争』(盛岡タイムス社、二〇〇六年)、一五三頁。
42. 同、一五四頁。

II　新島襄と新渡戸稲造

鹿角で戊辰戦争を考える

盛岡藩の対応

盛岡藩が鳥羽伏見の戦いの結果を知ったのは、慶応四（一八六八）年一月一八日のことだった。江戸城に出頭を命じられた江戸家老の野々村真澄に戦況が知らされたのだ。やがて、仙台藩に会津藩討伐の命令が朝廷より下され、米沢・盛岡・秋田の各藩にも仙台藩と協力して会津を討伐するように、との命令が出された。

盛岡藩は筆頭家老の楢山佐渡を中心として、対応を検討した。やがて、仙台藩から使者がやってきた。かつて長州藩は朝敵とされたが、今は官軍である。だから、朝敵の名目で会津を討つことは猶予したいと朝廷に建白すべく人を派遣したので、その返事を待って行動を共にしようという内容の知らせだった。

佐渡は、意図はわかるが、朝命であり、出兵した後に建白すべきだ、と返事をして京都に向かった。

幕府が政権を返上して以来、京都は各藩兵に守られており、その任務の遂行が目的だったが、京都の情勢をこの目で見たいという思いもあった。

佐渡が目にしたのは、薩摩・長州の下級武士の専横《せんおう》だった。祇園《ぎおん》の花街をわがもの顔に練り歩くなど粗暴な振る舞いが目立った。

ある日、佐渡は薩摩藩邸に西郷隆盛を訪ねた。西郷はあぐらをかき、数名の藩士と牛鍋を囲んで談論風発の最中だった。その姿を見た佐渡は、西郷らが中心の新政府に懐疑の念を抱いたとされる。折り目正しく由緒ある家柄に生まれた佐渡と、下級武士出身の西郷とではもともと、折り合うことが難しかったかもしれない。

佐渡は、「薩長の専横著しい新政府を支持することはできない」という判断を下す。折しも、仙台藩による建白は不調に終わっていた。仙台藩を介し会津から降伏謝罪の嘆願書が出された。仙台藩は米沢藩と協議の上、白石に奥羽諸藩を集め、会津除名の議を図った。

そのとき、野々村真澄と共に盛岡藩から出席したのが、江幡梧楼だった。

この集まりにやがて北越諸藩が加わり、五月六日、奥羽越列藩同盟結成に発展し、新政府との対立が深まってゆく。

佐渡の決断

一方、奥羽鎮撫《ちんぶ》総督の九条道孝一行は、仙台、盛岡を経て六月二四日、秋田に向かった。その頃、秋田藩では奥羽越列藩同盟の盟約を守るべきか否かで藩論が二分されていたが、やがて同盟反対に藩論が決定した。

その動きを察知した仙台藩は使者を派遣して盟約を守らせようとしたが、その使者を秋田藩士が斬ってしまった。このとき、たまたま同じ宿舎にいて九条総督に随行していた盛岡藩士が誤って斬られている。

このことが盛岡藩の藩論に微妙に影響する。秋田の同盟離脱は許せるが、何も盛岡藩士を斬ることはないではないかというのである。

仙台からは秋田討伐の指令が出され、時を同じくして総督からは秋田藩を応援し、庄内藩を討つべしという命令が下された。

その頃、盛岡藩では藩論をどうまとめるか、議論が続いていた。反同盟の立場にあった東中務は幽閉中で、同盟支持が優位だったが結論は出ず、京都にいる佐渡に帰国を促すことになった。

慶応四（一八六八）年七月一六日、帰国して登城した佐渡は、居並ぶ家臣を前に、決然と同盟支持を説いた。藩論は決定し、盛岡藩は秋田侵攻を開始した。

秋田戦争で敗北

七月一一日、仙台藩と庄内藩はすでに秋田への侵攻を始めていた。七月二七日、楢山佐渡と向井蔵人《くらうど》を総大将とする盛岡藩二千余名は鹿角口から十二所に進出した。

八月八日、佐渡は秋田藩十二所館の守将である茂木《もてぎ》筑後に対し、奥羽越列藩同盟の盟約を再び守ることを促す内容の書状を送ったが、翻意させることはできなかった。

このとき、秋田藩では庄内討伐に多くの兵を差し向けていて、十二所館の守備は手薄だった。

茂木からの返書に接した佐渡は、再び進軍を開始した。秋田藩は自ら十二所に火を点けて退却した。八月一九日、盛岡藩は十二所館を攻略し、占拠した。

以後、盛岡藩の進撃は止まるところを知らず、八月二二日には要衝である大館城を落とし、さらに米代川沿いに進み、二ツ井まで迫った。

だが、盛岡藩の進撃はそれまでだった。八月一六日以降、秋田藩を支援する肥前、島原、大村などの諸藩により構成された新政府軍が次々に到着し、近代兵器を有する新政府軍の攻撃に対し、盛岡藩は次第に劣勢になっていったのである。

九月六日、盛岡藩は大館城から退却せざるをえなくなり、やがて、十二所館からも撤退した。

九月二〇日、佐渡は新政府軍に休戦を申し入れ、二二日、十二所館での降伏手続きを経て、九月二五日に降伏したの

楢山佐渡の墓（盛岡市・聖寿禅寺）

である。すでに仙台藩をはじめとする同盟各藩は新政府軍に降伏しており、盛岡藩は「最後の賊軍」とされた。

秋田戦争の責任を問われて捕縛されたのは楢山佐渡、藩校作人館教授・江幡梧楼、作人館助教・佐々木直作の三人である。

このうち、筆頭家老の楢山佐渡は明治二（一八六九）年六月二三日。秋田戦争の責任をひとりで背負う形で、盛岡にある報恩寺で打ち首の刑に処せられている。

鹿角の地域事情

もともと、現鹿角市と鹿角郡は旧盛岡藩領だった。秋田戦争における盛岡藩の拠点となったが、明治四（一八七一）年、秋田県に編入されている。

本来なら岩手県に編入されるべき地域であるが、秋田戦争で敗れたこともあり、分割された。要因としてはほかに、尾去沢鉱山をめぐる利権などがあげられている。

その結果、秋田県はかつての敵と味方が混在することになり、鹿角周辺の人々は秋田県で肩身の狭い思いで暮らしてきたという。

私は平成一九（二〇〇七）年七月二八日、歴史作家の星亮一さんに誘われて、鹿角市花輪図書館で開催された、戊辰戦争について考える学習会に参加する機会を得た。

学習会には、地元鹿角の郷土史研究会のメンバーを中心に二〇名余りが参加した。

鹿角周辺の人々が戊辰戦争の時代からどう生きてきたか、という発表が主だったが、私は戦争以来一四〇年が経過してなお、鹿角の人々の心にその傷跡が残っていることを思い知らされた。

主戦場だった大館では当初盛岡藩が優勢で、大館の人家に盛んに火を点けたのだという。大館の人々は「南部の火つけ」といって、盛岡藩の軍勢を恐れた。

大館を中心とする旧秋田藩の人々の中には、家を焼かれ、肉親を戦争で失った人も多く、旧盛岡藩の人々に対する憎しみが残った。そのため、秋田県に編入された鹿角の人々は「賊藩」として秋田県で差別されることになったという。秋田県では活躍の舞台が得られないと、盛岡に移り住んだ人も結構いたようだ。

学習会の後、戊辰戦争で犠牲になった盛岡藩士の墓を案内してもらった。花輪の恩徳寺、長年寺を訪れたのだが、秋田藩の犠牲者には「官軍」と記されているのに対し、盛岡藩の犠牲者には何の記載もなく、ひっそりと建っていた。鹿角で犠牲になった盛岡藩の人々は墓まで差別されてきたのである。

なお、当日の学習会資料によると、鹿角口での戦死者数は九三人で、盛岡藩戦死者名簿には三四人と記載されている。

大正六（一九一七）年九月八日、時の政友会総裁・原敬が祭主となり、盛岡市報恩寺境内で戊辰戦争殉難者五〇年祭が盛大に行なわれた。

原敬の祖父は盛岡藩の家老であり、秋田戦争で責任を一身に背負い亡くなった楢山佐渡に幼い頃、かわいがられたといわれている。九月八日は、年号が慶応から明治へと変わった日である。

内閣総理大臣になる一歩手前まで昇りつめていた原は、戊辰戦争による戦死者を顕彰することでやっと賊藩の汚名を晴らした。

原敬が総理大臣になったおかげで、旧盛岡藩出身者は活躍の舞台を大きく広げることができた。たとえば、新渡戸稲造が国際連盟事務次長として活躍するのは原敬が内閣総理大臣の時代である。また、佐藤昌介を北海道帝国大学初代総長に任命したのは原敬だ。

そのために、盛岡周辺の人々は、会津や秋田で現代でもみられるような、戊辰戦争によってもたらされた屈折を、あまり感じてはいないようだ。原敬の内閣総理大臣就任は、賊藩の屈折を一気に洗い流してしまったのかもしれない。

鹿角の人々はどうか。やはり、原敬の内閣総理大臣就任を喜んだかもしれない。だが、秋田県の中では、表だってそれを表現することはできなかったに違いない。

私は見ていないが、鹿角市内の公園には、戊辰戦争殉難者の招魂碑が建てられているという。

鹿角では明治二三（一八九〇）年に戊辰戦争二三回忌法要が、明治二七（一八九四）年には二七回忌法要がしめやかに行なわれており、その過程で招魂碑建立が決議されていた。そのことを和井内和夫『盛岡藩の戊辰戦争』（盛岡タイムス）は詳細に紹介している。その碑文は「太平洋無事百年」で始まる悲痛なトーンで記されている。

ことに我が鹿角郡はひとり秋田県に編入となり、旧藩地とは疎隔して憂いを慰むる友もなく、昨日の敵の手を握り、旧君臣の情交もここにほとんど絶え果て、死者の孤独も遺骸とともに空しく地下に朽ち、遂には人に知られず野末の露と消え行くの悲境にこそは陥りける。

後段では「死後もまた栄誉を受けることなき農猟卒歩の死者に対せばもっとも嘆かわしき次第にして」とあり、主として地元出身であった下級武士に対し、とくに哀悼の意を表している。

鹿角という地域の特性が垣間みられる。旧盛岡藩領であるために、秋田県では孤立を余儀なくされたことがわかる。

同書によれば、碑文の内容に関し「後日当時敵国たりし士民の縦覧者多かるべきにより、万一にも事実を誤ることあらば、笑いを後世に残すおそれあり」として、盛岡藩出身の碩学で鹿角と縁が深い那珂通世に「草稿の検閲」を依頼したという。

依頼を受けた那珂通世は秋田戦争の責任を取って捕縛された江幡梧楼（後に那珂通高と改名）の養嗣子となった人物で、東洋史の先駆者として活躍した。江幡梧楼は通世に、「朝敵」の汚名をそそぐことを託したという。通世は学問の世界で活躍し、その期待に応《こた》えた。

●主要参考文献
佐藤竜一『盛岡藩』現代書館　二〇〇六
和井内和夫『盛岡藩の戊辰戦争』盛岡タイムス社　二〇〇六

『壬生義士伝』の主人公・吉村貫一郎

吉村の故郷・盛岡

新選組と盛岡といえば、真っ先に浮かぶのは吉村貫一郎、浅田次郎『壬生《みぶ》義士伝』の主人公である。平成一二（二〇〇〇）年四月に文藝春秋から出版されたこの本がベストセラーになった結果、テレビドラマとなり、映画化もされた。中井貴一が演じた吉村貫一郎の姿は、今なお記憶に新しい。『壬生義士伝』は、新しい新選組のスタンダードとなったといってもよい。この小説では吉村貫一郎の故郷である盛岡の魅力がたっぷりと語られる。たとえば、こんなふうに。

盛岡の桜は石ば割って咲ぐ。盛岡の辛夷《こぶし》は、北さ向いで咲くのす。んだば、おぬしらもぬくぬくと春ば来るのを待つではねぞ。南部の武士ならば、みごと石ば割って咲げ。盛岡の子だれば、北さ向いて咲げ。春に先駆け、世にも人にも先駆けて、あっぱれな花ば咲かせてみろ。〈『壬生義士伝』上巻〉

おうい、今帰ったぞお。南部の風じゃ。胸いっぺえに吸うてみるべさ。力いっぺえに。ああ、何たるうめえ風にてごあんすか。ああ、何たるうめえ風にてごあんすか。〈『壬生義士伝』下巻〉

小説だけではなく映画もヒットしたためか、『壬生義士伝』の記憶を求めて、盛岡を訪れる観光客が増大したという。新選組の有名人といえば、近藤勇《いさみ》、土方俊三、沖田総司、永倉新八などがあげら

石割桜（盛岡地方裁判所）

れるが、吉村貫一郎もその仲間入りをしたのである。
浅田次郎によると、吉村貫一郎は天保五（一八三四）年に生まれ、慶応四（一八六八）年一月八日に亡くなっている。プロフィールは以下の通りとなっている（『浅田次郎 新選組読本』文藝春秋）。

奥州南部藩出身。上田組丁の足軽の子として生まれる。北辰一刀流免許皆伝。藩校明義堂の助教を務め、藩道場では師範代を務める。文久二年（一八六二）、生活に困窮し家族を養うために脱藩、慶応元年（一八六五）に新選組に入隊する。諸士調役兼監察に抜擢され、剣の実力を評価され、撃剣師範を兼任。京では「人斬り貫一」「鬼貫」と呼ばれ恐れられる。慶応四年（一八六八）一月に鳥羽伏見の戦いで重傷を負い、南部藩大坂蔵屋敷に逃げ込み帰参を願うものの、幼馴染みで大坂蔵屋敷差配役・大野次郎右衛門に諫められ、切腹を命じられる。享年三十五。

吉村の南部盛岡藩での手当二駄二人扶持《ふち》（一四俵）で妻子四人を養うのは容易ではなく、それが脱藩した理由なのだが、小説では一貫して金銭に細かい、守銭奴といってもよい吉村の姿が描かれている。何せ、ひもじい思いをしているに違いない郷里の家族に返金しなくてはいけないのだ。

だから、諸士調役兼監察に抜擢され、四〇俵を手当として受け取ることを土方から聞かされた吉村は、感極まった声で「有り難うございます。有り難うございます」と十ぺんも繰り返した。およそ「義士」らしくない姿だが、幕末の食い詰め者の集まりだった新選組のメンバーの多くは、実際にはこの小説で描かれた吉村貫一郎に近かったのではあるまいか。浅田次郎は、従来の新選組のイメージを一新することに成功したといえるかもしれない。

重臣・大野次郎右衛門

吉村貫一郎の幼馴染《おさななじ》みである大野次郎右衛門は浅田によれば（『浅田次郎　新選組読本』）、四〇〇石取りで、藩政を切り盛りする重臣である。かつては貧しい吉村の面倒を見続け、脱藩にも一役買う。勘定方の切り札として大坂蔵屋敷差配役となるが、鳥羽伏見の戦いで負傷し、再度藩への帰参を願う吉村に切腹を命じる。その後、官軍との戦いで主戦派の急先鋒となったため、盛岡の安養院で刎首《ふんしゅ》される。

だが、この大野次郎右衛門という人物は実在しない。鳥羽伏見の戦いの後、南部盛岡藩の方針はなかなか定まらなかった。徳川の側につくべきか、それとも薩摩・長州などの官軍につくべきか。右往左往する藩論をまとめたのが筆頭家老の楢山佐渡で、佐渡は薩摩・長州の側に寝返った秋田藩を討つことを決定する。その戦いに敗れ、佐渡は南部盛岡藩の責めを一身に背負い、刎首される。他に刎首された者はいない。

浅田次郎は若い頃から新選組が好きで、関係する書物を読みあさった。感銘を受けたのが、子母澤寛《しもざわかん》の三部作、『新選組始末記』『新選組遺聞』『新選組物語』で、中でも昭和三(一九二八)年に発表された『新選組始末記』は繰り返し読んだという。発刊当時は幕末からまだ六〇年ほどしか経過していない。生き証人への取材を基に書かれたこの本を読んだ衝撃は大きかったに違いない。

だが、『新選組始末記』に登場する大野次郎右衛門のことを調べるうちに、この人物が実在しないことに気づく。吉村貫一郎は実在したが、『新選組始末記』に出てくるエピソードの多くが子母澤寛の創作だった。ドキュメントの体裁をとっているものの、『新選組始末記』は小説だったのである。

そのことを発見した浅田は、『新選組始末記』に描かれた大野次郎右衛門と吉村貫一郎の人物像に虚構を膨らませ、全く新しい小説として描き切った。

だからといって、『壬生義士伝』の価値が減じるわけではない。この小説を執筆するにあたり、浅田次郎は実に念入りに幕末の南部盛岡藩に関する歴史を調べ、現地調査を行なっている。『壬生義士伝』からは、当時の南部盛岡藩のありようが生き生きと伝わってくる。それゆえに、『壬生義士伝』は説得力をもって読者に迫ってくるのである。

この小説では北海道出身の記者が斎藤一、永倉新八らを取材し、かつて接触のあった吉村貫一郎の人物像が彼らに語られることで、次第に鮮明になってゆく。この舞台まわしともいえる記者こそ、若き日の子母澤寛である。浅田次郎の遊び心ともいえようか。

●**主要参考文献**

浅田次郎『壬生義士伝』文藝春秋　二〇〇〇
文藝春秋ほか編『浅田次郎　新選組読本』文藝春秋　二〇〇四

「生きていた新選組」奥田松五郎の墓

盛岡市材木町。盛岡駅から徒歩で五、六分の市街地に永祥院はある。曹洞宗の寺院である。ここに元新選組とうわさがあった奥田松五郎が眠っている。

城下町の建設が進む寛永元（一六二四）年頃、現在地に移転したといわれている。江戸時代を通して、盛岡藩は飢饉に苦しんだ。元禄、宝暦、天明、天保年間の飢饉はとりわけ深刻で、藩では地元の豪商に御用金を出させ、救済策を講じた。救貧小屋を建て、飢えた民を収容することにしたのである。

永祥院に建てられた救貧小屋にはおおよそ千七百人が収容されたと伝えられる。朝夕の二回、かゆを作って飢民に分け与えられたというが、ほとんど効果はなく、次々に亡くなっていったという。飢饉に苦しんだ農民は藩政に対する不満を募らせ、一揆を引き起こした。

盛岡藩は、江戸時代最も一揆が発生した地域である。それだけ、農民の暮らしは貧しかった。浅田次郎の『壬生義士伝』に登場する吉村貫一郎にしても脱藩の大きな理由は食糧難だ。現在は商売繁盛にご利益があるとされる酒買地蔵尊でにぎわいを見せる永祥院は、藩政時代の記憶を伝える寺院のひとつだ。

幕末の盛岡藩に関する著作で知られる太田俊穂《としほ》が奥田松五郎の発見者である。自身、盛岡藩士の家系につながる太田は晩年、岩手放送会長へと昇り詰めたが、若い頃記者として奥田と出会う。

昭和三九（一九六四）年一一月号の『文藝春秋』に太田俊穂が発表した「生きていた新選組」により、奥田松五郎の名は新選組ファンに知られることになった。

明治二七（一八九四）年春、奥田は東京から盛岡にやってきた。奥田を呼んだのは時の岩手県知事・服部一三で、剣道と柔道の師範として巡査たちに指導した。

翌年、盛岡中学校（現 盛岡一高）の柔道教師となっているが、明治三八（一九〇五）年には手当て月八円を支給されている（八幡秀男『柔の残影――奥田松五郎伝』、だんぶり社）。

明治四三（一九一〇）年生まれの太田は盛岡中学校在学中に、奥田を知った。太田の著作『血の維新史の影に』（大和書房）には、こう記されている。

私が盛岡中学校に入ったのは大正末期であるから、老人はすでに教師の職を退いて、内弟子だけとっていたが、たまに、学校に姿を見せて、高学年の生徒を相手に、稽古をつけることもあった。ときには、隣り合わせの剣道の道場でも、竹刀を振ったが、激しい気合に、みな圧倒されたものである。

「あれは、人を斬ったことのある気合だ」と、剣道の教師が眉をひそめた。武徳会の範士になったのは、それから二、三年後のことである。

後年、新聞記者となってから、太田は奥田と親しくなった。奥田は次第に、新選組のことを話題にするようになる。こう書かれている（前掲書）。

晩秋のある寒い日、風呂敷に柿をつつんで、県庁の記者クラブに現れて「きょうは、新選組を脱退して斬られた伊東甲子太郎《かしたろう》の命日でね。ひどく、世話になった人なので、お寺へ行って拝んできた。とても柿の好きな人だったから、ウチの仏壇にも供えてきたが、これは、その残りだよ」と、みんなへ振る舞ったことがある。

当初は、あまり新選組のことを語りたがらなかった奥田だが、やがて自慢げに語るようになった。一週間ほど、毎晩のように奥田の家に通い、話を聞いた。「沖田総司君、藤堂平助君」などと、新選組のメンバーを友達のように語るのを聞いた太田は、奥田が新選組の生き残りであるとかたく信じ込み、そのことを『文藝春秋』に発表したのである。

だが、その事実は数年後、新選組を精力的に調査してきた釣洋一によってくつがえされる。岩手放送に太田俊穂を訪ねてきた釣は、大きなバッグから封筒入りの戸籍簿の写しを取り出した。奥田松五郎の戸籍簿だった。

昭和四〇（一九六五）年刊行の『血の維新史の影に』を読んだ釣は、本文中の「奥田老が芝神明で生まれたと語っていた」という記述に着目し、かつての芝区、現在の港区役所に出かけ、調べてみた。その結果、戸籍簿を見つけることができた。

釣洋一が見つけた戸籍簿によると、奥田松五郎は安政元（一八五四）年六月一四日、芝神明二五番地に生まれている。となると、新選組の名を上げた池田屋事件の起こった元治元年に、奥田は一〇歳ということになる。

新選組は子供を採用しない。このことを知らされた太田は、一緒に釣洋一に会った幕下輝三に、「うーむ、これで奥田老の隊士説は完全に消えましたね。いま考えてみれば、いろいろと話してはいたが、いま一つ具体性に欠けていて、突っ込み質問をすると面倒臭そうにソッポを向くということが何度かあった」と語ったという（幕下輝三「奥田松五郎の真相（中）」、盛岡タイムス二〇一〇年六月一一日付）。

奥田松五郎の新選組隊士説は、釣洋一の調査により完全にくつがえされた。

それにしても、奥田松五郎はなぜ、微に入り細をうがつように新選組のことを語れたのだろうか。釣洋一はそのことも調査していた。

奥田松五郎の本籍地、芝神明二五番地には、かつて沖田総司の姪の久満《くま》が住んでいた。釣はその戸籍謄本の写しも入手していた。

この住所には警視庁の宿舎が建っていた。奥田は警視庁に勤めたことがあり、そこで同僚だったのが久満の夫・三村将太郎と総司の実兄・沖田芳次郎だった。沖田総司ら新選組の話を当事者の身内から聞かされていたのだから、奥田松五郎の話に臨場感があるのは道理だった。

昭和六（一九三一）年一一月二八日、奥田松五郎は生涯を閉じた。訪ねてみると、妻である対馬家の墓と並んで、墓はひっそりと建っていた。

八幡秀男の前掲書によれば、妻のタキは松五郎の死後、永祥院で得度し、尼になったあげく、松五郎と長男の義雄の石碑を建てて、亡くなった。得度の際に、永祥院に永代供養の申し入れをしたという。

釣洋一は、奥田松五郎に関する調査の結果知り得たことを『新選組秘録』（新人物往来社）に記した。新選組に詳しい人にとっては、奥田松五郎はもはや関心外の存在となっているはずだ。

だが、まだ新選組の生き残りに会うために、墓を訪れる人がいるという。あるいは、新選組の生き残りではないことを承知の上で、訪ねてくる人もいるのかもしれない。それだけ、新選組という存在がロマンを感じさせるのか。奥田松五郎が「生きている新選組」であってほしいという願望も、多少あるのかもしれない。

●主要参考文献

太田俊穂『血の維新史の影に』　大和書房　一九六五
釣洋一『新選組秘録』　新人物往来社　一九七六
八幡秀男『柔の残影―奥田松五郎伝』　だんぶり社　一九八九

新島襄と新渡戸稲造

クラークと黒田清隆

新渡戸稲造と新島襄を結びつけたのは、ウィリアム・スミス・クラーク（一八二六～一八八六）である。札幌農学校（現北海道大学農学部）初代教頭で、「少年よ 大志を抱け」〈Boys be ambitious〉のことばで知られている。

クラークはマサチューセッツ州アッシュフィールドに生まれ、アマースト大学卒業後ドイツに渡り、ゲッティンゲン大学で博士号を取得後、母校アマースト大学教授となる。専攻は園芸学、植物学である。南北戦争の際に北軍少佐として従軍後に、マサチューセッツ農科大学学長に就任している。

クラークが来日するきっかけとなったのが、新島襄《じょう》との出会いである。

新島は天保一四（一八四三）年一月一四日、江戸神田の安中《あんなか》藩邸内で生まれた。幼少より学問に秀でていた新島は、医学を学びはじめる。才能が認められ藩主の護衛役に選ばれた新島は、万延元（一八六〇）年一一月、幕府の軍艦教授所に通い数学や航海術を学んだ。その後、眼病を煩《わずら》い軍艦教授所を退所した翌年一一月、備中松山（高梁《たかはし》）にある板倉藩の洋式帆船・快風丸に便乗し、備中玉島に向かっている。

すでに江戸湾内にあるオランダ軍艦の偉容に触れていた新島は、海外への雄飛を夢見るようになり、蘭学のほか英語の勉強も始めた。江戸時代後半に鎖国が終了するまで、欧米では唯一の窓口がオランダだったといってもよい。そのために、洋楽を志す者は蘭学を修めたが、黒船でペリーが来航して以来、外国の事情が知れ渡るに及び、オランダよりもむしろアメリカの方に国力があり、これからは英語の時代だ、そのことに新島は気づいたのである。

とはいえ、当時はアメリカで学問をする公式なルートはない。藩を捨て、国を捨てる覚悟で出国した新島がアメリカの土を踏むのは、慶応元（一八六五）年のこと。七月二〇日、ボストンに入港したのだ。

乗り込んでいたワイルド・ロウヴァー号の船主A・ハーディー夫妻の家に引き取られた新島は、まずアントンヴァーにあるフィリップス・アカデミー英語科に入学している。聖書を読み、キリスト教にひかれるようになっていた新島は、翌年アントンヴァー神学校付属教会で洗礼を受けている。

慶応三（一八六七）年六月にフィリップス・アカデミーを卒業した新島は、同年九月、アマースト大学に入学し、クラークと出会う。新島はアマースト大学が受け入れた最初の日本人学生だった。

新島は、アマースト大学入学の世話をしてくれたハーディー夫人にあてて、一八六七年九月二三日付でこんな手紙を書いている（『新島襄　わが人生』）。

私の室は至って大きくて大変心地がいいです。同室の友は、非常に落ち着いた、綺麗なキリスト教主義の青年です。私はこういう青年と室を共にすることが出来るのを感謝します。天の父に対する日々の義務は信仰と祈祷《きとう》を以て努めています。私は校内の倶楽部で同窓の人々と食卓を共にすることを喜んでいます。一般に食物は頗《すこぶ》る佳良です。私は大学内の伝道隊に加入しました。安息日の朝毎に興味ある集会が催されています。こうして共に集まり、歌い、神を讃美し、憐れむべき異教徒に喜ばしい福音を伝えさせ給うように祈るのが、私たちにとっては非常に愉快です。神が私を暗黒の中から呼び出して、永遠の憩いに入るべき場所を知らせて下さったことを、私は心から感謝し、我が国民にも神の福音を宣伝して、彼等を自分のように幸福にさせたいと心から望んでいます。

新島の充実した学園生活が垣間みれる手紙である。アマースト大学での充実した日々が、日本での同志社大学設立につながってゆくのだが、新島は在学中日本人とも出会っている。ハーディー夫人の友人・フリント夫人にあてた同年一二月一日付の手紙にこう書かれている（前掲書）。

（前略）しかしその同じ朝、二人の青年がふいに私を訪ねて来ました。誰々だとお考えですか？　モンソンから来た二人の日本人。（中略）

この二人はモンソンにいる日本人の間では最も良い学生です。私は彼等が同国人に対して良い器となるように望んでいます。その晩は全く宗教上の問題で語り合いまし

た。彼等は自分の罪を発見しました。また主に逢うべき途をも発見しました。彼等は幼児のように謙遜な美しい精神を持っています。最初は祖国を益するために科学の研究をしようと考えていたのですが、神が彼等の盲いた眼を開いて、彼等と天との間にある厚い帷を取り去り給いました。

この文中に登場する日本人のうちの一人は、薩摩藩出身で後に北海道開拓使長官となった黒田清隆だった。薩摩藩は幕府に隠して六人の留学生をアメリカに送り、モンソンの中学校に入学させたが、その中に黒田がいたのだ。

黒田は天保一一（一八四〇）年生まれ。西郷隆盛、大久保利通の下で働き、薩長同盟締結の際は長州との連絡役として活躍した。黒田がアメリカに留学中、日本は大きな転換期を迎えていた。新島と出会ってまもない、慶応四（一八六八）年一月三日、幕府軍と新政府軍との間で鳥羽伏見の戦いが起こり、やがて黒田に帰国命令が下る。

黒田の活躍が目立ちはじめるのは、長岡藩家老・河合継之助が守っていた長岡城攻略戦からだが、その名を有名にしたのは榎本武揚がリーダーとしてたてこもった箱館・五稜郭の戦いである。

新政府軍を指揮していた黒田は物量で榎本軍を圧倒したが、榎本武揚や大島圭介などの敵将が戦場に散るのを回避し、降伏させることに成功した。その結果、榎本や大鳥は明治新政府で才能を発揮することになる。

自身がアメリカに留学したことがある黒田は、榎本や大鳥が持っていた優れた語学力や判断力を見抜いていたのだ。

北海道平定の功績により、黒田は明治三（一八七〇）年開拓次官となった。明治七（一八七四）年六月には屯田兵を創設した。北海道開発の重要性を説きつづけた黒田は、教育には力を入れた。ターゲットとなったのがクラークであり、媒介したのが留学中に知り合っていた新島だった。

新島はアマースト大学に入学した年、クラークから化学を教わっていた。新島は明治三年、アマースト大学から理学士（バチェラー・オブ・サイエンス）の正式な学位をもらって卒業している。

札幌農学校

後に北海道大学農学部となる札幌農学校だが、明治五（一八七二）年、東京・芝の増上寺に、やはり黒田が招聘したお雇いアメリカ人ケプロンの建言により開設された、開拓使仮学校が発祥である。明治八（一八七五）年に札幌に移転、翌年、札幌農学校と改称した。

クラークが赴任するのは同年七月のことだ。アマースト大学在学中に知り合っていた新島の仲介で、黒田が長官となっていた北海道開拓使が招いたのだが、名目的には学長をしていたマサチューセッツ農科大学の休暇を利用しての来日である。

クラークはキリスト教精神に基づいたアメリカ式教育を行ない、佐藤昌介（北海道帝国大学初代総長）、大島正健《まさたけ》（言語学者）ら札幌農学校一期生に感化を与えた。自由な教育方針で、黒田に「この学校には規則はいらない。紳士であれの一言があれば十分である」と進言したといわれている。北海道の農家が飼畜農業を導入する指針となる教育を行なったこともクラークの業績である。

クラークは約八か月滞在し、翌年五月に離日している。そのために、第二期生の新渡戸稲造は直接クラークの教えを受けていないが、学内にはクラークによる教育の余韻《よいん》が残っていた。

北海道を去り、離日する途次、クラークは京都に足を伸ばした。新島襄に会うためだ。新島はアメリカでの留学生活を体験した後、日本で大学をつくることに情熱を傾けたが、明治一〇（一八七七）年一一月二九日、京都に私塾・同志社英学校を開校していた。教師は新島とディヴィスの二人、生徒八名での出発である。

明治一〇（一八七七）年四月二八日には京都府から正式に開校の許可を得た。クラークが訪ねたのはその一〇日ばかり後、五月九日のことで、そのとき学生数は六五人に増えていた。

そのことを伝えているクラークから佐藤昌介宛の手紙には「その多くが牧師になろうと志している」と書かれており、最初の日本人の教え子である新島との再会を喜んだようすがうかがわれる。

新渡戸稲造と同志社

新渡戸稲造は文久二（一八六二）年生まれである。明治一四（一八八一）年七月、第二期生として札幌農学校を卒業、農商務省御用掛となった稲造だが、明治一六（一八八三）年八月に退職している。

同年九月に上京し、東京大学選科生となる。入学に際して文学部の外山《とやま》正一教授に英文学を専攻する理由を問われ、「太平洋の橋になりたい」と答えた逸話は有名である。

札幌農学校で英文の原書を乱読した新渡戸だが、英語を学び足りなく思い、やがてアメリカへの留学を決心する。

明治一七（一八八四）年、養父太田時敏（当時、稲造は叔父時敏の養子で、太田稲造を名乗っていた）が海外留学の費用を提供した結果、九月三〇日にペンシルベニア州ミートヴィル市にあるアレゲニー大学に留学した。

稲造は、翌月、メリーランド州ボルチモア市のジョンズ・ホプキンス大学に転校している。同郷で札幌農学校の先輩でもある佐藤昌介の招きに応じたのだ。ここで新渡戸は三年間、農学、経済学、行政学、英文学などを修業する。アメリカ合衆国第二八代大統領ウィルソンは同窓だった。

翌年五月六日、静養と募金を兼ねて二度目の渡米をした新島がジョンズ・ホプキンス大学を訪れた際に、太田稲造と顔を合わせている。

ギルマン学長に自宅で歓待された新島だが、来客の中に太田稲造もいた。稲造は図書館など、あちこちを案内してくれたという（本井康博「新渡戸稲造と同志社」、『新渡戸稲造研究』第一三号所収）。

新渡戸稲造像（札幌市・北海道大学）

新島は同志社大学の将来を考え、同志社教授となる人材を物色中だった。稲造の挙動に好感を持った新島は、ギルマン学長を通じて稲造を同志社教授に抜擢《ばってき》することを申し出たのである。

そのことを聞いた稲造は、心が躍《おど》った。留学費用は同志社が負担するから、卒業後は京都に赴任してほしいとの内容だった。破格の条件である。

だが、稲造にはそれが心の重荷となった。

潤沢な国費ではなく、ささやかなキリスト教徒たちの献金による奨学金を受け取ることはできない。そういう結論を出し、新島の申し出を丁重に断ったのである。

とはいえ、若い日に、海のものとも山のものとも知れない自分を評価してくれた新島の好意を忘れることができなかった。

新島は明治二三（一八九〇）年一月二三日、四八歳で亡くなるが、稲造の同志社との縁は続いた。一九一三年に同志社の社友となっている。社友とは名誉顧問のような立場だ。また、理事を務めたほか、たびたび来校もした。

最後に来校したのは、昭和八（一九三三）年五月三一日のことだった。栄光館ファウラー講堂で「日本の将来と同志社の使命」という題で講演したのだ。日本の国際連盟脱退後のことである。

かつて国際連盟事務次長を務めた稲造は、軍国主義の道を歩きはじめた日本の将来が心配だったに違いない。そうした不安を抱えたまま、稲造は同年一〇月一五日、カナダのバンフで客死した。七一歳だった。

●主要参考文献

『新島襄　わが人生』日本図書センター　一九四六
『新渡戸稲造研究』第一三号　新渡戸基金　二〇〇四
『新渡戸稲造　年譜』盛岡新渡戸会　一九八六

中島三郎助——幕府海軍を逸早く構想した国際通

ペリー来航の際、最初に接触した日本人

横須賀市浦賀はペリー来航の町として知られている。京浜急行線浦賀駅を下りると巨大な建物が海側に続いているのが見える。浦賀ドックの跡地で、かつては三〇メートルを越える高さのクレーンが空を覆い、約千艘の艦船がここで建造されたという。

平成一五（二〇〇三）年に閉鎖されるまで一世紀以上にわたり、青函連絡船、大型タンカー、護衛艦などが生み出されている。町はドックで働く人々で賑《にぎ》わったというが、今はその面影をたどるのは難しい。

浦賀はもともと安政元（一八五四）年、日本で初めての洋式軍艦鳳凰丸が建造された町

であり、そのきっかけをつくったのが嘉永六（一八五三）年五月三日の、アメリカ東インド艦隊の指令官マシュー・ガルブレイス・ペリーの浦賀沖への来航だった。

ペリーは二隻の蒸気船と二隻の帆船を率いてやってきた。その艦隊は黒船と呼ばれ、大きな波紋を引き起こした。従来鎖国を続けてきた徳川幕府に、ペリーは開港を求めてきたからだ。

そのペリーと最初に接触した日本人が中島三郎助で、激動が続く幕末期を真摯《しんし》に生き抜いた人だった。

浦賀の町を歩くと、そういった幕末の記憶が随所に残されている。中島が働いた浦賀奉行所跡や中島と交流があった吉田松陰や桂小五郎（木戸孝允）が泊まった旅館・徳田屋跡、中島とはそりが合わなかったとされる勝海舟が断食したとされる東叶《ひがしかのう》神社などが歩いていける距離に点在している。

浦賀コミュニティセンター分館には「幕末史中島三郎助資料室」があり、浦賀奉行所関係やペリー艦隊の船舶の模型などが展示されている。幕末史に燦然《さんぜん》と輝いている中島三郎助の生涯を追ってみたい。

浦賀奉行所と三郎助の与力就任

浦賀奉行所が開かれたのは享保五（一七二〇）年、八代将軍吉宗の時代だ。当初、幕府は会場輸送の拠点だった伊豆下田に奉行所を置き、船の積荷と乗組員の検査をしていた。だが、一七世紀後半になると、全国的に農産物の生産量が増大し、下田では対応しきれない状況が生じてきた。新たに海の関所を作る必要が生じたが、時の下田奉行堀隠岐守や、船手奉行向井将監が下田から江戸までの港を陸と海の観点から詳細に調査した結果、浦賀が最適という決断が下された。

浦賀奉行所の開設当時、勤務したのは下田奉行所に勤めていた武士で、三郎助の先祖もこのときに浦賀に移っている。

浦賀奉行所の仕事としては船の検査（船改め）、税務、警察、海難救助などに加え、一九世紀初めには江戸湾の防備が加わった。

奉行所は最高責任者である奉行、担当部署の責任者である与力、与力が支配する同心で構成されていた。

中島三郎助は、文政四（一八二一）年一月二五日、浦賀奉行所与力、中島清司の二男と

して浦賀に生まれている。この年、一〇年間に及び江戸湾警備に就いていた会津藩が任務を解かれ、帰国している。異国船が浦賀沖に姿を見せはじめており、浦賀奉行所の果たす役割が次第に重要になりつつあった。

与力見習いとして三郎助が浦賀奉行に出仕したのは天保六（一八三五）年で、一四歳のときだ。天保八（一八三七）年六月二八日には、江戸湾にアメリカの商船モリソン号が出現している。当時、幕府は浦賀沖の入口に備えられた台場から砲撃を加え、モリソン号を打ち払ったが、漂流民を送り届けようとした船に砲撃を加えたのは非人道的であると、幕府を非難する声が世界から寄せられた。そのため幕府は天保一三（一八四二）年に、異国船の対応を「無二念打払令」から「薪水給与令」に戻さざるを得なかった。

三郎助は父の職業柄、日本の危機を逸早く知ることができた。そのこともあり、江戸で武術修業を行なっている。

最初に修めたのが槍術で、千葉右門より宝蔵院流の目録を授かっている。次は剣術で、桑原永助より天然理心流を習い、目録を伝授されている。その後、千葉周作より北辰一刀流も習い、これも目録を伝授されている。

そして三郎助とは切っても切れない砲術は天保二（一八三一）年より始めている。田付流田付主計に習うも、ひとつの流派では飽き足らず、高島流を下曽根金三郎より、集最流を佐々倉寛蔵より、荻野流を桜井代五郎より、それぞれ免許を授かっている。この経験が後の三郎助に多大な影響を与えている。

その後、弘化二（一八四五）年にはアメリカの捕鯨船マンハッタン号が来航した。嘉永二（一八四九）年にはイギリスの測量船マリーナ号が来航するなど異国船の往来が頻繁になった。三郎助が父清司の後を継ぎ、与力として勤務した年のことだった。

日本で初めて洋式軍艦を建造

嘉永六（一八五三）年六月三日、ペリーが浦賀沖に来航した際、三郎助は通訳の堀達之助とともに黒船へ出向いた。アメリカ将官らは、幕府の高官でなければ交渉に応じないと、船上から伝えられた三郎助は、高官でないが通訳する旨を申し入れたところ、船内の乗船が許可された。

船に乗り込んだ三郎助らが早速問いただすと、司令長官ペリーの意向は、日本と新たな条約を求めに来航したと聞かされた。これは一大事だと、いったん奉行所に戻った三郎助が具申すると、翌日から交渉は香山栄左衛門《かやまえいざえもん》が受け持った。もちろん、これに三郎助も随行した。もともと軍艦製造に関心を持っていた三郎助は黒船の中に入り、搭載していた大砲や、初めて見る蒸気船の構造をつぶさに観察した。翌年再びペリーが来航した際も、三郎助は黒船の中に入っている。三郎助にとって、黒船は情報の宝庫だった。

同年六月一二日、アメリカの親書を残してペリーが立ち去ると、時の幕府筆頭老中阿部正弘は、「今後、日本の歩むべき道」についての意見を広く求めた。

このときに三郎助も意見書を奉上している。現存するのは「異国船が渡来したときの警備のあり方」、「浦賀沖の警備について」の二通の意見書だ。端的にいえば、幕府海軍に関する構想だった。

この意見書は受け入れられ、同年九月に浦賀奉行所へ軍艦建造の命令が下された。このとき、建造掛に三郎助や香山栄左衛門、佐々倉桐太郎など与力、同心一〇名が任命された。奉行所御用達の船大工も動員され、竜骨（キール）のある西洋式の船が建造された。それは三本マストの西洋のものと区別するために、マストを二本にするなどの改良をし、着工以来八か月、嘉永七（一八五四）年五月に完成した。船は鳳凰丸と名づけられ、長さ三六メートル、幅九メートル、水深五・八五メートルの船体を擁する堂々たる姿で、一〇門の大砲を備えていた。早速五月一一日に、奉行所の役人ら一三〇人を乗せて房総半島の館山沖まで試験航海が行なわれ、大砲の発射訓練も実施された。

安政二（一八五五）年二月、三郎助と佐々倉桐太郎が仮の艦長を務め、鳳凰丸は再度浦賀から江戸に向けて出航し、途中艦砲射撃の演習をしながら品川沖へと回航した。幕府の要人たちに披露するためだ。

筆頭老中阿部正弘のほか、若年寄、大目付、目付などが連日品川沖へ見分に訪れ、三郎助と佐々倉が説明を担当した。見分は大成功に終了し、二人のほか、乗務員に褒美が与えられた。

長崎海軍伝習所を経て軍艦操練所教授方就任へ

三郎助が参画した鳳凰丸の成果を見て、幕府首脳は軍艦の必要性を痛感し、長崎に海軍伝習所を開設することを決定した。

日本で初めて洋式軍艦建造に立ち会った三郎助を慕い、安政二（一八五五）年七月、長州藩士桂小五郎（後の木戸孝允）が訪ねてきた。造船術を習いたいと桂に弟子入りを勧めたのは、吉田松陰だった。松陰は三郎助らが鳳凰丸を建造していた一年半ほど前に訪ねてきて、三郎助の父、清司をも交じえ、ペリー来航後の海防問題を論じたことがあった。松陰はそれ以来、三郎助の識見を高く評価していた。三郎助は桂に快く技術を伝授したといわれている。

同年八月、三郎助の長崎海軍伝習所への出向が決まった。三郎助のほかに浦賀奉行所から出向になったのは佐々倉桐太郎、山本金次郎、浜口興右衛門など九名だった。三郎助は三五歳になっていた。

長崎海軍伝習所では、授業はすべてオランダ語で行なわれた。三郎助は勉学に励み、造船、操船の技術を学んだ。そして一年の修業期間を終えても浦賀に戻らず、長崎での勉学を続けた。長崎海軍伝習所では、後に箱館五稜郭で行動を共にすることになる榎本武揚、勝海舟らとの出会いがあった。

安政五（一八五八）年五月、三郎助が浦賀に戻ってきた。前年一〇月から五島、対馬、朝鮮付近までの実習航海を積んだ上での帰還だった。

まもなく、三郎助に軍艦操練所の教授方就任の要請が来た。長崎海軍伝習所があまりに遠方で不便なために、前年四月、江戸に軍艦操練所が開設されていた。幕府海軍の訓練センターとでも呼ぶべきもので、長崎海軍伝習所で培ったオランダ仕込みの三郎助の力量が求められた。

この年、父清司が老衰のため与力職を辞し、代わって三郎助の次男、英次郎が与力職に就いている。

軍艦操練所頭取手伝いから隠居へ

万延元（一八六〇）年九月、三郎助は軍艦操練所頭取手伝出役に就任した。これは若い世代に軍艦建造や大砲操作などを教える仕事だ。もちろん自身も技術の修得に怠りなく、榎本武揚と共に造船学を横浜で学んでいる。

しかし、この頃から健康状態が悪化し、文久元（一八六一）年九月には操練所の出仕を辞退し、浦賀奉行所へ戻っている。病気療養をしながら勤務したようだ。

文久二（一八六二）年八月、生麦事件が起こった。薩摩藩士がイギリス人を殺傷したこの事件により、イギリスとの間に一触即発の危険が生じた。それを受けて翌年二月、浦賀奉行所は臨戦体制を布いた。三郎助は船番所脇の亀甲岸の台場などの監督をしたほか、周辺の人々に戦争になった際の行動について命じた。幸いにして、イギリスとの戦争は免れた。

その頃、将軍家茂と皇女和宮との結婚の返礼で、軍艦で上洛《じょうらく》する計画があった。浦賀奉行所では警備船の手配、台場の警備などの対応に追われたが、海路上洛から陸路上洛へと変更されたため、三郎助が活躍する場面はなかった。

文久三（一八六三）年八月、西浦賀の燈明堂に隣接する館浦に台場を築く工事が始まり、三郎助など浦賀奉行所のメンバーにより大砲の鋳造が行なわれた。浦賀港の奥には幕府軍艦用の石炭置場が開設され、三郎助はその責任者を務めた。

元治元（一八六四）年には父清司が七一歳で病死した。三郎助にとって父としてだけではなく、与力職の先輩だった。異国船との交渉、軍艦建造に至る清司の教えを受けてきただけに、ショックは大きかった。

そうした感傷に浸る間もなく、幕府は三郎助の力を求めた。同年一二月に幕府は三郎助に富士見御宝蔵番格御軍艦頭取出役の出仕を命じたのだ。かねてより健康が回復しないなかでの出仕命令だった。当然三郎助の身体には大きな負担がかかっていった。

そして遂《つい》に、慶応二（一八六六）年三月に、三郎助は軍艦頭取出役を辞め、一二月に家督を長男恒太郎に譲った。三郎助は晴れて隠居の身になった。次男の英次郎も別格として与力職を賜り順風満帆の余生を過ごせるはずだった。

だが、時代が三郎助に平穏な暮しをさせなかった。

江戸幕府の崩壊、浦賀奉行所の接収

慶応三（一八六七）年三月、オランダに注文してあった軍艦開陽丸が榎本武揚らによって江戸湾に回航されてくると、中島三郎助に出仕命令が出された。開陽丸に乗り込んだ三郎助は、軍艦組出役として、再び幕府の役職を賜ることになった。

その頃、三郎助と接したことのある福沢諭吉は三郎助を評し、「中島三郎助は旧浦賀の与力、箱館の戦争に父子共に討死した立派な武士」と『福翁自伝』に記している。

福沢は徳川慶喜が大政奉還をする前、外国に派遣された折のトラブルで謹慎処分を受けていた。その福沢を三郎助が訪ねてきた。詳しくそのいきさつを聞いた三郎助は、その足で老中稲葉正邦を訪ね、福沢を有能な人材として推挙した。そのおかげで、福沢は再び出仕が叶うようになった。福沢にとって三郎助は若き日の恩人であり、武士としての筋を通したその生き方にすがすがしさを感じたに違いない。

同年一〇月、第一五代将軍の徳川慶喜は大政奉還を行なった。徳川幕府が消滅した頃、開陽丸、富士山丸など、幕府の主要な軍艦五隻は大坂湾にあり、三郎助はいずれかの軍艦に乗っていたものと推測する。

翌慶応四（一八六八）年一月、旧幕府軍と新政府軍との間で鳥羽伏見の戦いが始まった。戊辰戦争の幕開けだった。旧幕府軍は敗走し、元将軍、徳川慶喜は開陽丸に乗り、江戸へ逃げ帰った。江戸に戻ってからは謹慎に努め、同年四月一一日に江戸城明け渡しを以て、徳川家の江戸統治は終焉《しゅうえん》を迎えた。

江戸城の明け渡しと同時に各奉行所や代官所も軒並み新政府軍に引き渡された。浦賀奉行所も同様に、同年閏四月、佐賀藩を中心とする新政府軍が接収し、一五〇年に及ぶ歴史の幕が閉じた。この頃三郎助は浦賀に戻っていたようだ。三郎助は妻のすずに、将来中島家を継ぐことになろう、生後一年足らずの乳飲み子を託し、徳川家の静岡移住に伴い、移り住まわせた。

箱館で戦死

敗走が続いた旧幕府軍だが、海軍は健在だった。新政府との話し合いの末、軍艦九隻のうち観光、翔鶴、朝陽、富士山の四隻が新政府に接収されることになったが、いずれも装備の古い旧式軍艦だった。そのため、旧幕府軍のダメージは少なかった。

そうしたこともあり、榎本武揚をリーダーにして蝦夷《えぞ》地（現北海道）に新しい政権を樹立しようという気運が沸き起こった。

この動きに三郎助は同調した。榎本武揚と三郎助は長崎海軍伝習所で知り合っていたが、三郎助は榎本の意気に感じるものを見出したのかもしれない。三郎助は榎本と行動を共にした。同年八月に浦賀を発った三郎助は、長男恒太郎、次男英次郎を伴っている。中島家に遺されている「出陣状」には「三郎助、恒太郎、英次郎の三人は主家の恩に報いるため出陣する」旨の記述がある。

　三郎助はこの出陣に際して、生きては帰れないことを覚悟していた。箱館に行く航海の途中に立ち寄った宮古（現岩手県宮古市）から、すずに宛てた手紙が遺っているが、その手紙には自身の墓碑の絵が添えられていた。

　その言葉通り、中島父子には最期《さいご》が近づいていた。

　明治二（一八六九）年四月九日、新政府軍は蝦夷乙部（現 乙部町）に上陸した。その報は翌日には箱館に届いていた。戦闘が開始されたときだった。

　その頃三郎助は、榎本武揚が樹立した政府で箱館奉行並に就いていた。千代ケ岱《ちよがたい》陣屋に息子二人を含む浦賀奉行所出身者が勤務していたことから逐次訪れていた。その三郎助を榎本軍は四月三日付で砲兵頭並に任命している。千代ケ岱陣屋に常駐することになってすぐに新政府軍の侵攻が始まった。三郎助は同月一二日には有川村まで土地検分に出張している。そして千代ケ岱陣屋の隊長に任命され、いつ戦火を交えてもよいように各砲の配備や砲陣の確保等、準備に備えていた。一九日からは合言葉を用い、それを日々変えることによって敵の間諜の侵入を防いでいる。

　その間、三郎助は五稜郭から呼び出しが毎日のように届き、出張した。ついでに弁天台場を訪れて情報交換を行なっていた。

五月となり、七日には敵艦が箱館湾付近に現われ、味方艦と交戦したため箱館の海岸に砲を設置した。敵艦に備えるべく三郎助等に命令が下り、翌日砲を海岸に設置した。新政府軍の攻撃は間近に迫っていた。

五月一一日、新政府の陸軍部隊は箱館山より一斉に上陸して箱館を占拠した。これにより弁天台場が孤立することを死守するため、土方歳三率いる額兵隊や彰義隊等が出撃して防戦したが、数で勝る新政府軍に榎本軍が抗すべき手段はなかった。海軍も同様に新政府軍の艦隊にできる限りの防戦を敢行したが、結局回天は自焼し、残る蟠龍も座礁して自焼し、榎本艦隊は全滅した。

五月一五日、弁天台場の榎本軍は降伏した。危険を察した榎本軍は千代ヶ岱陣屋の将兵に引き揚げて五稜郭に来るように使者を派遣した。しかし、中島父子はその指示に従わなかった。この地を死に場所と決めていたからだ。

五月一六日、新政府軍による千代ヶ岱陣屋の総攻撃が開始された。この戦闘で多くの榎本軍に戦死者が出た。中島父子のほか、柴田伸助、近藤彦吉など三郎助を慕って浦賀からやってきた若者たちも戦死した。

この戦いは一時間ほどで終わり、二日後榎本武揚らは新政府軍に投降した。戊辰戦争最後の戦いに臨んだ中島三郎助は、武士としての矜持《きょうじ》を貫いて一生を終えた。

現在函館市中島町には、中島父子終焉の地を示す石碑が建ち、毎年五月には碑前祭が行なわれている。

●主要参考文献

中島義生『中島三郎助文書』　一九九六
横須賀開国史研究会『中島三郎助と浦賀』　横須賀市　二〇〇二
木村紀八郎『浦賀与力　中島三郎助伝』　鳥影社　二〇〇八
佐々木譲『幕臣たちの技術立国』　集英社　二〇〇六
福沢諭吉『新訂　福翁自伝』　岩波書店　一九七八

Ⅲ　堀越高校の創設者・堀越千代

宮沢賢治三題――「とげぬき地蔵と酒買地蔵」ほか

一　とげぬき地蔵と酒買地蔵

ＪＲ山手線巣鴨駅から徒歩で五、六分のところにとげぬき地蔵がある。周辺のとげぬき地蔵通りは、四の日（四日、一四日、二四日）は大きな賑《にぎ》わいを見せる。金魚すくい、古着、団子――、さまざまな商品を扱った露店が数百メートルにわたって続く。

道行く人々の顔を見れば、そのほとんどがおばあちゃんかおばさんである。露店の人と顔なじみなのか、けっこう立ち話をしている。和気あいあいといった雰囲気がその場を支配している。

近年「おばあちゃんの原宿」と呼ばれるようになったが、原宿のようなスピード感は感じない。歩く速度がゆったりとしているせいだ。

とげぬき地蔵は曹洞宗の寺である高岩寺《こうがんじ》の本尊だが、病い、つまり心のとげを抜いてくれる御利益《ごりやく》があるとされ、明治時代末期以来、多くの参拝客を集めてきた。とげぬき地蔵通りが整備されるのは関東大震災から五年後の一九二八年、高岩寺の参道をそのように名づけたのが始まりである。

宮沢賢治は大正八（一九一九）年一月二九日、とげぬき地蔵を通っている。日本橋本石町の小林六太郎を訪ねた後、とげぬき地蔵の裏にあった小林所有の長屋に同行したのだ。小林六太郎は宮沢家と懇意《こんい》にしている人で、賢治は東京にいるとき、たびたびこの人の世話になっている。

日本女子大に通う妹トシが入院したという知らせが届き、賢治が母イチを伴って夜行列車に乗り急遽《きゅうきょ》上京したのは前年（一九一八年）一二月二六日のことで、これが四度目の上京である。

賢治にとってトシは、同志といってもよい。悩みを打ち明けることができる一番近い存在である。いてもたってもいられない思いの上京であったろう。

トシが入院したのは小石川区雑司ヶ谷町（現 文京区目白台三丁目）にあった帝国大学医

学部永楽病院（現 東京大学医学部附属小石川分院）で、賢治とイチは歩いて数分の雲台館に宿をとり、看病した。一二月二七日にはトシが生活していたみやげを持参して、日本女子大責善寮を訪れている。

医師の診断では当初、トシの病気は腸チフスとされたが、翌年一月九日の血液検査ではインフルエンザと病状が分かった。病状が安定したため、イチは逸早く花巻に帰郷している。

だが、賢治は東京に留まった。自身の将来について、真剣に悩んでいた。家業の質屋兼古着商を継ぎたくはない。東京で暮らすうちに、東京に留まって宝石の売買に関する事業をしたいという希望を抱く。そのことを父・政次郎に手紙で訴えるのだが、政次郎は色よい返事をしない。

賢治がとげぬき地蔵を通ったのはそんな時期である。あるいは、賢治は御利益があるというとげぬき地蔵を意識しながら複雑な思いで通り過ぎたかもしれない。

とはいえ、現実は厳しかった。政次郎は長男の願いを聞き入れることはなく、逆に早く帰郷するように促したのだ。

賢治は父権に屈する形で帰郷した。とげぬき地蔵の御利益を受けることはなかった。

話は変わるが、盛岡市に永祥院《えいしょういん》という、高岩寺と同じ曹洞宗の寺がある。この寺には酒《さけ》買地蔵尊《がいじぞうそん》があり、とげぬき地蔵にあやかり、参拝客を増やそうという試みがなされている。毎年、酒買地蔵例大祭を開いている。

酒買地蔵尊は二百年ほど前、付近の材木町にあった大店《おおだな》の酒屋が寄進したもので、次のような言い伝えがある。

材木町の酒屋によく買いにくる小僧がいたが、いつも酒樽を返さない。あるとき、酒屋はその小僧を小槌で殴りつけた。よろよろ歩く小僧をつけてみると、永祥院のお堂のところで姿が見えなくなった。

和尚に聞いてみると、そんな小僧はいないという。ふと目についた地蔵の顔には傷があった。それを見て後悔した酒屋は以後、お地蔵さんに酒を供えた。その結果、酒屋は商売が繁盛したという話で、酒買地蔵尊は商売繁盛の守り本尊として多くの人々が集まるようになったという。

その材木町だが、賢治とは縁がある。大正一三（一九二四）年に賢治は童話集『注文の多い料理店』を自費出版したが、発行所の光原社が現在、材木町に民芸品の店を構えており、賢治ファンが多く訪れているのだ。

賢治は花巻生まれだが、盛岡中学校（現盛岡第一高校）、盛岡高等農林学校（現岩手大学農学部）に通った。多感な時代を盛岡で過ごしたわけで、材木町に足を運ぶ機会も多かったに違いない。

材木町商店街ではその縁を生かした街づくりを始めた。平成五（一九九三）年に完成した「対面交通によるコミュニティ道路」は道路幅が一四メートルあり、両側に三メートルずつ参道が確保されている。そしてその歩道には賢治のブロンズ像など、賢治とテーマにしたモニュメントが並んでいる。

賢治は生前、ほとんど知られることがないままに、生涯を閉じた。もし生きていたら、どう思うのだろう。聞いてみたい気がする。

二　自動車と自転車は高価な乗り物

賢治は昭和三（一九二八）年六月八日から二三日にかけ、東京で過ごしている。大島に友人の伊藤七雄を訪ねたほか、歌舞伎座、丸善、明治座などに出かけている。そのときに感じた東京の印象は「自働車群夜となる」という詩に、次のように書かれている。

博物館も展覧会もとびらをしめて
黄いろなほこりも朧《おぼ》ろに甘くなるころは
その公園の特にもうすくらい青木通りに
じつにたくさんの自働車が
行水をする黒い鳥の群のやうに集って
行ったり来たりほこりをたててまはったり
とまって葉巻をふかすやうに
ぱっぱと青いけむをたてたり
つひには一列長くならんで
往来の紳士やペンテッドレディをばかにして
かはりばんこに蛙のやうに
グッグッグッグとラッパを鳴らす

関東大震災により東京は壊滅的な打撃を受けたが、震災の翌日（一九二三年九月二日）誕生した第二次山本権兵衛内閣で内務大臣に就任した岩手出身の政治家・後藤新平が辣腕《らつわん》を振るった。

それまで十分に舗装されていなかった街路が一気に舗装され、歩道と車道が区別された結果、自動車が増大した。

統計によると、大正元（一九一二）年に七六〇台しかなかった自動車が、一九二八年には六万台にまで増えている。一方で、一二万七千台あった人力車が六万二千台にまで減っている。

日頃、東京に住んでいればそう驚きも感じないだろうが、賢治はおよそ一年半ぶりの上京である。車の多さに戸惑ったことだろう。

なお、賢治は「自働車」と記しているが、誤記なのか、意識的に記しているのかはわからない。そうした表記があったのかもしれない。

ちなみに、当時は自転車もあまり普及していない。そのことを告げているのは「税務署長の冒険」である。この物語は税務署長がどぶろく密輸の現場を突き止めようと悪戦苦闘するユーモラスな話である。税務署長は部下と二人で地元で開催された歓迎会の酒席を抜け出し、目星をつけた現場へと向かう。その場面は次のように描かれている。

　まるで忍術のやうに座敷から姿を消し台所にあった靴をつまんだと思ふともう二人の自転車は暗い田圃みちをときどき懐中電灯をぱっぱっとさせて一目散にハーナムーキャの町の方に走ってゐたのです。

吉田義昭『明治大正昭和「事始め百話」』（郷土文化研究会、一九九五年、六二頁）によれば、文政元（一八一八）年に自転車はドイツで初めて考案された。日本に渡来したのは幕末の慶応年間のことで、横浜など外国人居留地に持ち込まれたのが最初、三輪車タイプと二輪車型があったという。

　明治三（一八七〇）年、東京で車大工をしていた竹内寅次郎が「自転車」と命名したと伝えられるが、その頃には手作りの自転車が製造されはじめていた。

　現在の自転車の原型といえるチェーンで後輪を駆動するセフティ車が輸入されるのは、明治二十年代になってからだ。

　盛岡に自転車が登場するのはやはり明治二〇年代で、橘不染『もりおか明治舶来づくし』

（トリョー・コム、一九七五年、六一頁）には、「明治二十三、二十四年ごろ米国人ミロール氏夫妻二輪の自転車を持ち来り、婦人もともに自転車に乗り、盛岡市中を乗り廻す」という記述がある。

自転車はハイカラな乗り物として次第に普及する。

明治二五（一八九二）、二六年頃には、盛岡で貸自転車屋が操業を始めている。一時間四〇銭という値段だった。その頃の労働者の一日の労賃は二二銭とか二三銭とかいうから相当に高い。経済的に恵まれた人でないと、到底乗れない。

その状況は「税務署長の冒険」が書かれた一九二〇年代もそう大きな違いがなかったと推測できる。税務署長やその部下は自転車に乗れたが、一般の人々はあまり自転車に乗る機会はなかったに違いない。

ハイカラで好奇心旺盛な賢治はもちろん、自転車に乗ろうとした。だが、運動神経が鈍いので乗ることができなかった（板谷栄城『賢治小景』、熊谷印刷出版部、二〇〇五年、九一頁）。だからこそ、童話で自転車に乗る人物を登場させたのかもしれない。

三　化物丁場

生前未発表で、大正一二（一九二三）年頃執筆される「化物丁場」は前年七月末に起こった雫石川がもたらした洪水に取材した作品である。

その概要を紹介すると――仙人鉱山に行くために主人公（私）が黒沢尻から軽便鉄道に乗る。車内で鉄道工夫が橋場線工事現場の崩壊について話しているのをきいて、私は「あの化物丁場《ばけものちょうば》ですか」と話しかける。鉄道工夫は応じて、自分がそこで働いていた頃の話をする。つくってもつくっても崩れるため「化物丁場」と呼ばれている工事の体験を語った鉄道工夫は、藤根の停車場で下車する――。

この作品について、菊池忠二に「作品『化物丁場』の執筆時について」（小沢俊郎編『賢治地理』学芸書林、一九八九年、六九〜七五頁）という論稿がある。

それによると、賢治の作品では現在の田沢湖線（盛岡―大曲間）の一部だった橋場線の、雫石と橋場間にある土砂崩れの起こりやすい箇所を扱っている。地質や水脈の関係で土砂崩れの起こりやすい箇所を、土木業界では「化物丁場」という。「丁場」とは、仕事の受け持ち区域のことだ。

橋場線の生みの親は盛岡出身の政治家・原敬である。明治二三（一八九〇）年に盛岡駅が開業し、盛岡―一ノ関間に鉄道が走りはじめた。以後、鉄道網が次第に張りめぐらされるのだが、太平洋と日本海を結ぶ路線はなかなか実現しなかった。東北本線の肋骨《ろっこつ》ともいえる山田線、大船渡線、横黒線などは鉄道建設に遅れをとっていた地域の活発な陳情運動が繰りかえされた結果、やっと実現したのであり、その受け皿は原敬だった。

明治四三（一九一〇）年一月二九日の原敬の日記には、「鉄道の建設改良とも今日の如く財源なき為めに遅々として進行せざるは国運の発展と伴う所以にあらずと信じ、公債（主に外債）を募集して全国必要の線路を相当の年限内に悉く完成せしむるの方針にて建議案を起草」と書かれている。公債（主に外債）を募ってまで全国に鉄道を建設しようと原は思っていた。その意思は大正七（一九一八）年、米騒動で倒れた寺内正毅《まさたけ》内閣に替わり衆議院第一党の政友会総裁となった原が首相になることで、一気に具体化に向けて動き出す。

初の本格的な政党内閣を率いる原は、「国防の充実」「産業の奨励」「教育の振興」と並び、「交通機関の整備」を重要政策に掲げ鉄道の拡張を推進した。

その恩恵を受けて橋場線は大正八（一九一九）年七月一五日に起工し、大正一一（一九二二）年七月一五日に竣工した（盛岡―橋場間、全長五六キロメートル）。

一方、仙人鉱山に行くために「私」が乗った横黒線（現在の北上線）は大正一〇（一九二〇）年三月に黒沢尻（現在の北上）―横川目間が開通し、同年一一月に横川目―和賀仙人間が開通している。

おそらく、好奇心旺盛な賢治は開通したばかりの横黒線や橋場線に乗って、積極的に出かけたと推測される。その見聞を基に、このルポルタージュ風の作品を書いたのだろう。もともと賢治は地質学に関心があり、盛岡高等農林学校（現 岩手大学農学部）卒業後に主任教授の関豊太郎から研究生として残るよう依頼され、稗貫郡土性地質調査に取り組んでいる。そんな賢治だから、雫石川の洪水で被害にあった橋場線の現場を見たいと思ったのだろう。

賢治が土木工事の現場にも通じていたことは「化物丁場」の次の箇所からもうかがえる。鉄道工夫が「私」にこう話しているのである。

『起きろ、みんな起きろ、今日のとこ崩れたぞ。早く起きろ、みんな行って呉れ。』って云ふんです。誰も不承不承起きました。まだ眼をさまさないものは監督が起して歩いたんです。なんだ、崩れた、崩れた処へ夜中に行ったって何ぢょするんだ、なんて睡くて腹立ちまぎれに云ふものもありましたが、大抵はみな顔色を変へて、うす暗いランプのあかりで仕度をしたのです。間もなく、私たちはアセチレンを十ばかりつけて出かけました。水をかけられたやうに寒かったんです。天の川がすっかりまはってしまってゐました。野原や木はまっくろで、山ばかりぼんやり白かったんです。場処へ着いて見ますと、もうすっかり崩れてゐるらしいんです。そのアセチレンの青の光の中をみんなの見てゐる前でまだ石がコロコロ崩れてころがって行くんです。気味の悪いったら。」その人は一寸話を切りました。私もその盛られた砂利をみんなが来てもまだいたづらに押してゐるすきとほった手のやうなものを考えて、何だか気味が悪く思ひました。

とても臨場感が出ている描写である。賢治は実際に、鉄道工夫から話を聞いたのかもしれない。そうだとしたら、かなりの聞き上手である。

もちろん、想像の部分もあるだろうが、賢治はルポルタージュを書いても結構いい線をいったに違いない。「化物丁場」はそんなことを感じさせてくれる作品である。

●主要参考文献

板谷栄城『賢治小景』　熊谷印刷出版部　二〇〇五
小沢俊郎編『賢治地理』　学芸書林　一九八九
佐藤竜一『宮沢賢治の東京』　日本地域社会研究所　一九九五
橘不染『もりおか明治舶来づくし』　トリョー・コム　一九七五
吉田義昭『明治大正昭和「事始め百話」』　郷土文化研究会　一九九五

星亮一さんとのこと

令和三（二〇二一）年一二月三一日夕方七時半過ぎ、紅白歌合戦を見ていた私に倉敷市在住の高橋美智子さんから電話があった。「星先生が本日亡くなりました」と。高橋さんは星亮一さんが主宰する戊辰戦争研究会の事務局をしている。私は星さんとの縁で高橋さんと知り合ったのだが、一二月四日に倉敷に出かけたばかりだった。翌一二月五日には倉敷のホテルから星さんに電話をかけ、元気なようすだったので、亡くなったという知らせは唐突で、ショックも大きかった。テレビのスイッチを消して、物思いにふけると、星さんとの思い出がよみがえってきた。

星さんは昭和一〇（一九三五）年生まれ、父親が国鉄勤務の関係でたびたび転居をしたという。一関一高時代は千厩から列車で通学した。高校時代から歴史が好きで、大島英介先生の歴史の授業が楽しみだったという。東北大では国史学科に学び、卒業後、福島民報社に入社、新聞記者となった。

新聞記者時代、会津若松勤務を命じられたことが人生の転機となった。会津藩の歴史に向き合うことになるのである。星さんの先祖は仙台藩士だった。四代前の万右衛門は二〇歳の時江戸に出て砲術を学び、三二歳で仙台に戻った。その後仙台藩の砲術師範となり、門弟数百人を抱えたこともあったという。そうした星さんにとって、幕末維新史にのめりこんでいくのは運命だったのかもしれない。

星さんは福島民報記者を経て福島中央テレビに移り、報道制作局長として活躍した後、退職して郡山市に「星亮一事務所」を設立、旺盛な執筆活動を開始した。主なテーマは戊辰戦争に焦点を当てた幕末維新史で、『敗者の維新史』『奥羽越列藩同盟』『会津藩燃ゆ』などの著作を次々に発表し、歴史作家としての地位を築いた。

私が星さんと知り合ったのは平成一八（二〇〇六）年夏、一関・文学の蔵の集まりがあった時のことだ。初対面の私に、星さんは自らあいさつに来られて名刺交換をした。気さくでずいぶんとフットワークの軽い人だな、というのが最初の印象である。

その頃私は、やはり一関一高の大先輩で東京で現代書館という出版社の社長をしている菊地泰博さんから『盛岡藩』の執筆依頼を受け、幕末維新史の本を手当たり次第に読んでいた最中だった。宮沢賢治関係の本を中心に四冊本を出していた私だったが、日本史に明るいとはいえなかった。そんな私にとって、星さんの著作と存在は大きな励みとなった。

幸い、平成一八（二〇〇六）年一一月に出版された『盛岡藩』は盛岡を中心に売れ行きがよくベストセラーになった（現在五刷）。星さんはそんな私を、自身が主宰する戊辰戦争研究会の集まりに誘ってくれた。

最初に出かけたのは秋田県鹿角《かづの》市である。平成九（二〇〇七）年七月二八日、同市花輪図書館で開催された、戊辰戦争について考える学習会に参加したのだ。地元の郷土史研究会メンバーのほか、仙台や秋田からの参加者もあり、二五名くらいが参加した。

鹿角は秋田県に属しているが、江戸時代までは盛岡藩に属していた。なぜ鹿角が岩手県ではなく秋田県に編入されたのかといえば諸説あるが、尾去沢鉱山の利権がからんでいるとの説が有力だ。戊辰戦争は平たくいえば、旧幕府側（奥羽越列藩同盟）と薩長を中心とした新政府側の戦いだったが、秋田藩が途中、奥羽越列藩同盟を裏切り、新政府についた。そうした動きに対応し盛岡藩は秋田藩に向けて兵隊を送り（秋田戦争）、結果的に敗れ賊軍とされた。

主戦場となった大館を中心とした秋田藩の人々には家を焼かれ、肉親を戦争で亡くした人も多く、長く旧盛岡藩に対する人々への憎しみが残ったという。逆にいえば、鹿角の人々は秋田県に編入されたものの肩身の狭く差別を受けたことが実際にあり、盛岡など岩手県に移住する人も多く出た。そうした話を鹿角の人は語った。当日、大館の人が話をする予定だったが、ドタキャンとなった。賊軍の集まりに参加する気持ちが失せたのではないか、そう鹿角の人はいうのである。

在りし日の星亮一（右）（2018年11月4日、会津若松市の居酒屋「麦とろ」にて）

学習会終了後、戊辰戦争で犠牲になった盛岡藩士の墓を案内してもらった。秋田藩の犠牲者には「官軍」と刻まれているのに対し、盛岡藩の犠牲者にはそうした記載もなくひっそりと建っていた。そのことが鹿角の人々の屈折を物語っているように思えた。

私は戊辰戦争から一四〇年余りも経っているのに、今なおしこりが残っていることに正直驚いた。「戊辰戦争について詳しく知る機会だから、参加したほうがよいよ」と誘ってくれた星さんに感謝した。

平成二三（二〇一一）年八月下旬には、星さんや戊辰戦争研究会のメンバーと共に、下北半島にある青森県むつ市を訪れた。かつてこの地は斗南《となみ》藩の中心地だった。戊辰戦争に敗れた会津藩の人々は辛酸をなめたが、「廃藩、逆賊」とされた会津藩は家名再興を許されたものの、与えられたのは作物がろくに育たない最果ての地だった。斗南藩として再興したとはいえ、下北半島への移住を余儀なくされた人々は生活苦に耐えながら生きた。寒さや飢えで亡くなった人も多くいたという。食べるものがなくなり、犬の死体をもらい受けて食べたという壮絶な生活が石光真人編『ある明治人の記録』（中公新書）で克明に紹介されている。斗南藩の人々が住んだ集落があったという現地を訪ねると人の気配がない荒れ果てた土地が広がっていた。

新聞記者出身の星さんは、現場を踏むことの大切さをいつも語っていた。一緒に泊まりがけで角館や白石、会津若松にも出かけた。すでに星さんはそういった土地を何度も訪れていて、どの土地にも知人がいた。星さんが取材を終えた後も人間関係を大事にしていることがわかった。何度も同じ土地を訪れたのには、私たち後進に対するサービス精神もあったのだと思う。人間好きな一面があった。

高齢になっても意気軒昂で、電話で話をすると、いつも次に何を書くかという話になった。近年は奥さんが認知症を患って一人暮らしとなり愚痴をこぼすことも多くなった。「毎朝起きてみると、ああ今日も生きていたかと思うのですよ。後期高齢者なんてそんなものです」などと自嘲気味に語っていた。

亡くなってみて、幕末維新史の第一人者のひとりである星さんと共に過ごせたのは至福の時間だったのだな、と気づいた。きっと、これからも星さんをなつかしく思い出すに違いない。

芸能界にスターを輩出　堀越高校の創設者・堀越千代

ＪＲ中央線中野駅南口を出て、徒歩で約一五分。交通量の多い大久保通りから坂を上るとすぐに堀越高校がある。令和五（二〇二三）年一月一六日。初めて訪ねたのにどこか懐かしい気持ちになったのは、中高校生時代を思い出したせいだろう。その頃私は『明星』や『平凡』といった芸能雑誌を愛読していたが、誌面をにぎわしていた郷ひろみや野口五郎、森昌子、石川さゆりといった流行りのスターたちの多くが在籍したのが堀越高校だった。麻丘めぐみが在籍した明大中野高校とともに、堀越高校の名前は記憶に深く刻まれた。

堀越高校を訪ねる気になったのは、創設者・堀越千代が岩手の人だからだ。千代は安政六（一八五九）年八月一五日、盛岡上田組町で盛岡藩士村野儀兵衛の四女として生まれた。幼い頃から聡明で、明治元（一八六八）年、漢学の学習のため上京した。九歳の時である。

明治一〇（一八七七）年、堀越修一郎と結婚。修一郎は千代の一一歳年長で、仙台藩士堀越市太夫の二男だった。仙台藩校の養賢堂で大槻磐渓《ばんけい》に漢学を学んだ俊秀で、二人は学問を通じて結びついたのである。

教育への大きな情熱から、ふたりは明治三〇（一八九七）年に和洋裁縫女学院を麹町《こうじまち》区飯田町（現千代田区飯田橋）に創設した。和洋女子大学の前身である。和洋女子大学はその後、和洋女子専門学校を経て新制大学となり千葉県市川市に移転したが、草創の地には現在、付属九段中学校・高等学校が建っている。中高一貫校を兼ね備えた大学として、和洋女子大学は発展を遂げている。

2023年に創立百周年を迎えた堀越高校（東京都・中野区）

修一郎は大正七（一九一八）年七一歳で世を去るが、千代の教育への情熱は衰えなかった。大正一二（一九二三）年、堀越高校の前身、堀越高等女学校を創設したのだ。千代は自ら初代校長に就任し、校務に励んだ。昭和二二（一九四七）年新学制により堀越高等学校となった翌昭和二三（一九四八）年四月四日、千代は亡くなった。九〇歳だった。

昭和三二（一九五七）年、第三代校長である孫の堀越克明が男子部を創設、男女共学となった。創立五〇周年を迎えた昭和四八（一九七三）年には「芸能活動」などのコース制を採用した。芸能人が在籍しはじめるのはその頃からだ。郷ひろみなどは初期の卒業生である。

堀越といえば芸能人学校というイメージが強かったが、社会情勢が変化した結果、最近は学校のカラーも変わり、多様化している。頻繁《ひんぱん》に通学の必要がない通信制高校が充実し、芸能界志望の学生が堀越に殺到するという時代ではない。芸能界に関心があまりない生徒も多く入学してくる。全国高校ゴルフ選手権（女子の部）で優勝したり、プロ野球の中日ドラゴンズで活躍した井端《いばた》弘和のようにスポーツで才能を発揮する生徒も増えてきた。

芸能界からの要請もあり、堀越は男女交際禁止、発覚すれば退学という厳しい校則で知られるが、近年自主退学を異議なくされた元生徒から訴訟を起こされる事例も出た。「校則が時代に合わなくなってきているかもしれません」と千代のひ孫で堀越学園理事長の堀越正道は語る。その口調からは、校則を厳守するだけではなく、時代に沿った対応を容認する柔軟さが垣間みれた。

芸能人だからといって、特別な配慮はしていません。単位が足りなければ皆きちんと補修を受けて、卒業してゆきました、と同席した堀越由美子副理事長は語る。

ぶしつけともいえる質問を重ねた私に対して、ふたりは真摯《しんし》かつていねいに応対してくれた。堀越千代のまいた教育に対する情熱、自由な精神が受け継がれていると感じた。きっと、同い年の森昌子や石川さゆりは楽しい高校生活を過ごしたに違いない。そうも思った。

●主要参考文献

及川亜希子『堀越千代　自営の心――日本女子教育の先駆者』岩手日報社　二〇一一

葛西萬司と盛岡——建築散歩のすすめ

盛岡の街で観光客をみかけることが増えた。外国人の姿も多い。今年になってから、明らかに街はにぎわいを増している。米国の有力紙『ニューヨーク・タイムズ』が一月一二日掲載の旅行欄で「二〇二三年に行くべき五二カ所」を特集したが、世界各地の旅先の中でロンドンに次いで盛岡が二番目に選ばれた。そのことが各種メディアによって紹介され、盛岡に観光客が押し寄せているのだ。

『ニューヨーク・タイムズ』は和洋折衷の建造物が残り散歩に最適な街として盛岡を評価したのだが、その象徴的な存在が「岩手銀行赤レンガ館」（旧盛岡銀行本店）である。多目的ホールや展示スペースがあり、多くの人々が訪れる憩《いこ》いの空間となっている。

岩手銀行赤レンガ館を設計したのは辰野金吾と盛岡出身である葛西萬司で、竣工は明治四四（一九一一）年四月三〇日、外観がそっくりな東京駅の竣工は大正三（一九一四）年一二月三日と、三年半ほど後になる。

東京駅の建築家として辰野金吾はあまりに有名だが、補佐役に徹した葛西萬司の名前を知る人は少ない。そのことを残念に思っていた私は二〇二三年六月、『建築家・葛西萬司　辰野金吾とともに東京駅をつくった男』（日本地域社会研究所）を出版した。岩手銀行赤レンガ館の設計に葛西がかなり主導的な役割を果たし、その体験が東京駅の設計に大きく生かされたと推定されるからだ。岩手銀行赤レンガ館は東京駅のミニチュア版としてもっと注目を集めてもよいだろう。

帝国大学時代の恩師だった辰野が大正八

岩手銀行赤レンガ館（盛岡市）

（一九一九）年三月二五日、六四歳で亡くなると、葛西は堰《せき》を切ったように旺盛な設計活動を始めた。活躍の舞台はもっぱら盛岡だった。盛岡には盛岡信用金庫本店（旧 盛岡貯蓄銀行）、岩手医科大学一号館、二号館、盛岡聖堂など葛西が設計した建造物が今も多く残っている。

盛岡には佐藤功一が設計した岩手県公会堂（一九二七年竣工）、横濱《よこはま》勉が設計したもりおか啄木・賢治青春館（旧 第九十銀行本店本館、一九一〇年竣工）など古くて味わいのある建造物がほかにもある。そうした建造物が街に潤いをもたらし、盛岡を魅力ある街にしている。いずれの建造物も盛岡の中心市街地から遠くない距離にある。盛岡は建築散歩が楽しめる街なのだ。

周庭、黄瀛、そして魯迅――中国の言論弾圧を考える

二〇二三年一二月三日、長く消息不明だった香港の民主活動家・周庭（一九九六〜）が自身のSNSを更新し、カナダにいることを伝えるとともに「もう二度と香港には戻らない」と宣言した、とニュースで知った。同年九月からカナダの大学院に留学しており、事実上の亡命という。一二月二九日、香港警察は周庭を逮捕する方針を示した。

私は周庭が生きていてよかったと思いつつ、中国の言論弾圧の激しさに憤りを覚えた。一九八九年六月四日、北京で起きた天安門事件に衝撃を受けた私は、同年八月香港に出かけた。香港では百万人規模のデモが起きていて、まだデモの余熱が残っていた。民主化を要求した若者たちが虐殺された事件は、一九九七年にイギリスへの返還が決まっていた香港の人々にとって、対岸の火事ではなかった。街中の至る所に、「反対暴力鎮圧」「悼念六・

四烈士」などの落書きが見られた。街で買った新聞を読むと、民主化運動に関与した学生の海外脱出に手を貸したとして、香港出身の学生が広州の政府機関で取り調べ中——という記事が大きく掲載されていた。

いかにも香港らしいと思ったのは、九竜に近い市街地＝油麻地にある廟街の夜市で天安門事件の学生リーダーである王丹、柴玲らのTシャツが売られていたことだ。海外に逃れた悲劇のヒーロー、ヒロインであった彼らが商品化されていることに私は、香港に住む人々のたくましさを感じた。

私は最初の本として宮沢賢治と親交があった詩人・黄瀛《こうえい》（一九〇六〜二〇〇五）の評伝『黄瀛——その詩と数奇な生涯』（一九九四年、日本地域社会研究所）を刊行している（二〇一六年に増補版『宮沢賢治の詩友・黄瀛の生涯』、コールサック社、を刊行）。黄は中国の言論弾圧を体験した生き証人だった。中国人を父に、日本人を母に生まれた黄は日本語で詩を書き、詩壇の寵児《ちょうじ》となった。中国籍で、妹が蒋介石の右腕・何応欽《かおうきん》の甥と結婚したこともあり、国民党の将校の道を歩んだ。一九四九年、国民党と共産党との戦いで共産党に捕らえられ、捕虜となった。重労働が課せられ、獄中へ。出獄したがまともな収入が得られず、日本の友人たちが援助した。一九六六年に起こった文化大革命では、日本との関係が糺《ただ》され再び獄中生活を送った。

合計で二〇年に及ぶ獄中生活を体験した黄に光が当たったのは、一九七八年。鄧小平による開放政策の結果、重慶の四川外語学院で日本語・日本文学を教える職に就いてからだ。私は一九九二年八月一〇日、初めて黄に会った。その際に中国の言論弾圧をどう思っているのか、聞こうとしたが黄は巧みに話題を変えて、答えなかった。聞いてくれるな、と眼が語っていた。

黄瀛（左）と筆者
（1996年8月31日、東京・八重洲富士屋ホテルにて）

私はどう話を続けてよいか思案し、沈黙した。すると、黄は「魯迅（一八八一～一九三六）先生が長生きしたなら毛沢東とは相容れなかったでしょう」と突然言った。黄は一九三四年頃、上海の内山書店で魯迅と会ったことがあった。黄は魯迅と交際があった金子光晴や横光利一といった人々と接点があり、内山完造を通して魯迅から面会を求めてきたという。ふたりは四、五回会ったが、やがて別れが訪れた。

魯迅は当時、左翼作家連盟に加担しており、国民党による言論弾圧と闘っていた。当時の国民党政府は共産党以外の進歩的文化人に対しても暗殺政策をとっており、魯迅は民権保障同盟の宋慶齢などと共に暗殺者のリストにあがっていた。蒋介石に近い関係にある黄は、魯迅と会うのをやめるよう周囲から説得されたのだという。

一九三一年二月七日から八日にかけて、魯迅と親しかった五人の青年作家が国民党による言論弾圧の犠牲になり、虐殺された。二年後、魯迅は彼らを追悼し、「忘却のための記念」を書いた。次のような文章だ。

若いものが老いたもののために記念を書くのではない。そしてこの三〇年間、私が見せつけられたのは青年の血ばかりだった。その血は層々と積まれてゆき、息もできぬほどに私を埋めた。（中略）私は忘却し、ものいわぬがよいのかもしれない。だが私は知っている．たとい私でなくても、いつかきっとかれらを思い出し、再びかれらについて語る日が来るであろうことを――。

国民党との闘いに勝利した共産党は、一九四九年一〇月一日、毛沢東をリーダーとする中華人民共和国を成立させた。やがて国民党と闘った魯迅は「模範作家」として祭り上げられた。

もし魯迅が長生きしたらどうだっただろうか。中国は豊かな国になり、公然と虐殺されるといったことはなくなったが、自由にものが言えない点では一九三〇年代と大きく変わりがない。周庭のカナダへの亡命は、そのことを象徴的に示しているといってよい。私も黄が示唆したように、魯迅は共産党の言論弾圧と闘っただろうと思う。

周庭はもし香港が自由になり、人権が保障される社会になったなら、故郷に戻りたいと語った。そんな日が果たしてくるのだろうか、と暗澹《あんたん》とした気持ちになるが、私は絶望はしていない。魯迅は随想集『野草』に収められた「希望」というエッセイでこう書いている。

絶望は虚妄だ、希望がそうであるように。

（魯迅の文章はいずれも竹内好訳、二〇二四年一月二九日記）

初出一覧

Ⅰ　内藤湖南と那珂通世

自転車を乗りまわした漢学者・那珂通世――夏目漱石との接点をめぐって
　『賢治学＋』第三集　岩手大学人文社会科学部　宮沢賢治いわて学センター　二〇二三年
内藤湖南と那珂通世　書き下ろし

Ⅱ　新島襄と新渡戸稲造

鹿角で戊辰戦争を考える　『戊辰戦争を歩く』所収（二〇一〇年、光人社）
『壬生義士伝』の主人公・吉村貫一郎　『新選組を歩く』所収（二〇一一年、光人社）
「生きていた新選組」奥田松五郎の墓　『新選組を歩く』所収（二〇一一年、光人社）
新島襄と新渡戸稲造　『新島八重を歩く』所収（二〇一二年、潮書房光人社）

中島三郎助―幕府海軍を逸早く構想した国際通　『「朝敵」と呼ばれようとも』所収
（現代書館、二〇一四年）

Ⅲ　堀越高校の創設者・堀越千代

宮沢賢治三題――「とげぬき地蔵と酒買地蔵」ほか
『賢治学＋』第二集　岩手大学人文社会科学部　宮沢賢治いわて学センター　二〇二二年
星亮一さんとのこと『ふみくら』第六号　一関・文学の蔵　二〇二二年
芸能界にスターを輩出　堀越高校の創設者・堀越千代　『ふみくら』第七号　一関・文学の蔵　二〇二三年
葛西萬司と盛岡――建築散歩のすすめ　『潮』二〇二三年一二月号　潮出版社
周庭、黄瀛、そして魯迅――中国の言論弾圧を考える　『散文誌　隣り村』第八号
古小烏舎　二〇二四年

＊原稿は加筆修正を加えている場合があります。

おわりに

本書は一篇（内藤湖南と那珂通世）を除いて、雑誌などに発表した文章を収録しています。メインテーマは「盛岡藩と幕末維新」です。私はもともと、宮沢賢治やその周辺に関して文章を発表していたのですが、二〇〇六年に『盛岡藩』（現代書館）を出版して以来、幕末維新史にも関心を抱くようになりました。

盛岡藩は原敬や新渡戸稲造など多くの優れた人物を輩出していますが、本書で取り上げた那珂通世と内藤湖南はともに東洋史のいしずえを築いた人です。この二人が盛岡藩出身で密接なつながりがあったことは、あまり知られていないと思います。本書を通して、那珂通世と内藤湖南に再び光が当たることを願っています。

文中に書きましたが、私が幕末維新史に関し文章を書き続けてこられたのは一関一高の大先輩で歴史作家の星亮一さんのおかげです。星さんが主宰した戊辰戦争研究会のメンバーとともに秋田県鹿角市、角館町（大仙市）、青森県むつ市、福島県会津若松市等を泊りがけで訪ねた体験は私に大きな視野を与えてくれました。星さんは気さくな人柄で、よく「今、どんな本を書いているのか」と電話をかけてきました。今思えば、その際に頂いたアドバイスはとても貴重でした。星さんが八六歳で亡くなる直前まで現役で本を書いていたのは、やはりすごいことだと思います。現地に出かける大切さを強調して話してくれた星さんのことばを今後も心に留めながら、書き続けていきたいと思っています。

出版に当たり、文章の発表時にお世話になった多くの方々と、本書の出版を快く引き受けていただいた日本地域社会研究所の落合英秋さんに感謝いたします。

二〇二四年五月

佐藤　竜一

著者紹介
佐藤竜一（さとう・りゅういち）
　1958年岩手県陸前高田市生まれ。一関第一高校、法政大学法学部卒業を経て日本大学大学院博士課程前期（総合社会情報研究科）修了（国際情報専攻）。岩手大学特命准教授、宮沢賢治学会イーハトーブセンター副代表理事等を歴任。岩手大学で宮沢賢治について教える。

著書　『黄瀛－その詩と数奇な生涯』（1994年、日本地域社会研究所）
『宮沢賢治の東京―東北から何を見たか』（1995年、日本地域社会研究所）
『日中友好のいしずえ―草野心平・陶晶孫と日中戦争下の文化交流』（1999年、日本地域社会研究所）
『世界の作家　宮沢賢治―エスペラントとイーハトーブ』（2004年、彩流社）
『盛岡藩』（2006年、現代書館）
『宮澤賢治　あるサラリーマンの生と死』（2008年、集英社）
『変わる中国、変わらぬ中国―紀行・三国志異聞』（2010年、彩流社）
『それぞれの戊辰戦争』（2011年、現代書館）
『石川啄木と宮沢賢治の人間学』（2015年、日本地域社会研究所）
『海が消えた　陸前高田と東日本大震災』（2015年、ハーベスト社）
『宮沢賢治の詩友・黄瀛の生涯』（2016年、コールサック社）
『原敬と新渡戸稲造―戊辰戦争敗北をバネにした男たち』（2016年、現代書館）
『宮沢賢治　出会いの宇宙―賢治が出会い、心を通わせた16人』（2017年、コールサック社）
『盛岡藩と戊辰戦争』（2020年、杜陵高速印刷出版部）
『国際外交の舞台で活躍した岩手の男たち―杉村陽太郎と新渡戸稲造』（2022年、日本地域社会研究所）
『建築家・葛西萬司　辰野金吾とともに東京駅をつくった男』（2023年、日本地域社会研究所）

監修　『コミック版世界の伝記　宮沢賢治』（2012年、ポプラ社）

共訳　『三国志　中国伝説のなかの英傑』（1999年、岩崎美術社）

共著・分担執筆　『帆船のロマン―佐藤勝一の遺稿と追想』（2002年、日本エスペラント学会）、『灼熱の迷宮から。』（2005年、熊谷印刷出版部）、『ずっぱり岩手』（2007年、熊谷印刷出版部）、『宮澤賢治イーハトヴ学事典』（2010年、弘文堂）、『柳田国男・新渡戸稲造・宮沢賢治―エスペラントをめぐって』（2010年、日本エスペラント学会）、『戊辰戦争を歩く』（2010年、光人社）、『新選組を歩く』（2011年、光人社）、『新島八重を歩く』（2012年、潮書房光人社）、『トラウマと喪を語る文学』（2014年、朝日出版社）、『「朝敵」と呼ばれようとも』（2014年、現代書館）等

那珂通世《なかみちよ》と夏目漱石《なつめそうせき》——盛岡藩《もりおかはん》の幕末維新《ばくまついしん》

2024年7月11日　第1刷発行

著　者　佐藤竜一《さとうりゅういち》
発行者　落合英秋
発行所　株式会社　日本地域社会研究所
〒167-0043　東京都杉並区上荻1-25-1
TEL　(03) 5397-1231（代表）
FAX　(03) 5397-1237
メールアドレス　tps@n-chiken.com
ホームページ　http://www.n-chiken.com
郵便振替口座　00150-1-41143
印刷所　中央精版印刷株式会社

ISBN978-4-89022-311-4